图说全民健身体育运

抖空竹

杜 刚 著

天津出版传媒集团

天津人民美术出版社

图书在版编目（CIP）数据

抖空竹 / 杜刚著 . -- 天津：天津人民美术出版社，
2016.12

（图说全民健身体育运动丛书）

ISBN 978-7-5305-7760-8

Ⅰ.①抖… Ⅱ.①杜… Ⅲ.①抖空竹－图解 Ⅳ.
① G898.1-64

中国版本图书馆 CIP 数据核字 (2016) 第 299027 号

抖空竹

出 版 人：李毅峰

责任编辑：刘　岳

技术编辑：邵梦茹

出版发行：天津人民美术出版社

社　　址：天津市和平区马场道 150 号

邮　　编：300050

电　　话：(022) 58352900

网　　址：http://www.tjrm.cn

经　　销：全国新华书店

印　　刷：永清县晔盛亚胶印有限公司

开　　本：710 毫米 ×1000 毫米　1/16

版　　次：2016 年 12 月第 1 版

印　　次：2016 年 12 月第 1 次印刷

印　　张：12

印　　数：1-10 000

定　　价：36.80 元

当今时代，人人都明白"科技是第一生产力""知识就是财富"，但是，千万不能因此就忽略了对健康体质的培养。

民族复兴，体育同行。近世中国，面对民族危难，仁人志士坚信"少年强则国强"，号召新青年"文明其精神，野蛮其体魄"。中华人民共和国成立后，党和政府十分重视青少年的健康成长，在学校教育中明确提出了"健康第一"的指导思想。当今世界，体育水平已成为衡量社会文明进步的一项重要指标。

体育作为我国社会主义教育的重要组成部分，对提高国民素质具有重要意义。球类运动作为体育的一个分支，深受人们的喜爱。球类运动集智能、技能、体能于一身，又能将健身、竞技和娱乐很好地结合在一起。长期参加球类运动，不仅能提高速度素质、力量素质，还能提高身体的灵敏性、协调性，使肌肉发达、结实，对身心健康非常有益。

为此，我们编写《图说全民健身体育运动丛书》，真切希望能为体育运动爱好者全面认识和了解丰富多彩的体育运动、选择出适合自己的运动项目提供一个平台，为他们更好地掌握科学的锻炼方法、获得运动健康知识提供一个窗口，从而为阳光快乐体育运动的顺利开展和有效实施做出微薄的贡献！

《图说全民健身体育运动丛书》由知名体育院校的专家学者历经数年编写而成，是他们多年实际教学经验的积累与总结。与市面上已出版的同类图书相比，本套丛书具有以下特点：

（1）全面性。本套丛书几乎涵盖了生活中所有常见的运动项目，一共 100 本，其中既包括了篮球、足球、排球、乒乓球、羽毛球、网球、跆拳道等重竞技的体育运动，还包括了健美操、太极、瑜伽、普拉提等较为休闲的体育运动。方便读者全面认识和了解丰富多彩的体育运动，根据自己的兴趣爱好、身体素质及学习和生活状况来选择适合自己的运动项目。

（2）针对性。本套丛书面向所有体育运动爱好者，以方便体育运动爱好者阅读，能够指导他们学与练为编写原则，处处以体育运动爱好者为本；在内容的选取上紧紧围绕"入门与技巧"及"体育与健康"，极具趣味性和指导性。

（3）新颖性。本套丛书将体育运动的理论和体育运动的学、练方法融为一体，以图解的方式详细阐述，信息量大、知识丰富，有利于不同层次的人员自主选择阅读；既有一般常识的引入，又有较深知识的推介，具有相当的吸引力。

（4）权威性。本套丛书是国内众多体育院校的老师在深入实践的基础上，对各类体育运动技术、战术等相关内容进行高度浓缩和提炼后精心编写而成的，涵盖了大部分体育运动的重点内容，极具权威性和指导性。

（5）实用性。与同类图书相比，本书在内容上更短小精悍，在编写理念上追求"轻松阅读"，在功能上更加"简明实用"。不但是广大体育运动爱好者的首选学习用书，也是相关体育院校日常教学、培训的必备参考资料。

前言不过是个引子，真正丰富的是书中的内容。相信我们的努力，定会给您带来意想不到的收获！由于时间紧迫，书中难免有误漏之处，敬请广大读者批评指正。

chapter 1

抖空竹概述

chapter 2

巧妙奇魔术扣

chapter 3
平盘丝花样技巧

chapter 4

少年空竹苑

chapter 5

立盘丝动作大观

chapter 6

群英荟萃秀花样

chapter

抖空竹概述

　　抖空竹是汉族传统文化艺中一株灿烂的花朵。空竹古称"胡敲"，也叫"地铃""空钟""风葫芦"，济南俗称"老牛"。抖空竹亦称"抖嗡""抖地铃""扯铃"。为汉族民间游艺活动，流行于全国各地。天津、北京及辽宁、吉林、黑龙江等地尤为盛行。

第1节 ⋈ 抖空竹艺术

抖空竹原是庭院游戏，后经加工提高，有了竞技性质，并成为传统的杂技项目。分双轴、单轴。由轴、轮和轮面组成，用木制成。轮圈用竹制成，竹盒中空，有哨孔，旋转发声，中柱腰细，可缠绳抖动产生旋转。玩的人双手各拿两根两尺长的小竹棍，顶端都系一根长约五尺的棉线绳，绕线轴一圈或两圈，一手提一手送，不断抖动，加速旋转时，铃便发出鸣声。抖动时姿势多变，绳索翻花，表演出串绕、抢高、对扔、过桥等动作，称作"鸡上架""仙人跳""满天飞""放捻转儿"等。也有用壶盖、酒瓶等器具代替空竹的。

空竹俗称风葫芦，早为宫廷玩物，在古时候年轻女子玩空竹被视为高雅之举，现代年轻女子表演空竹被视为绝妙之技。抖空竹在杂技节目中代表着中国的国粹精品，演遍世界各地，占尽风头，早在 1986 年就荣获"明日杂技艺术节法兰西共和国金奖"，为中国赢得巨大荣誉。

空竹最初为宫廷玩物，后传至汉族民间并广为流行，特别在中国北方地区，曾风靡于城乡百姓之中，成为家喻户晓的健身娱乐玩具。中华人民共

和国成立后，特别是随着中国改革开放发展和小康社会的建设，人民的物质文化生活得到了极大提高，对于文化品位的提升和强身健体也有了更高要求。抖空竹作为一项古老而又年轻的体育活动又焕发了青春活力。

抖空竹集健身、娱乐、表演于一体，四季寒暑都可练，男女老少皆适宜，深受广大群众欢迎。近些年来，抖空竹在全国各地有了很大发展，特别是北京、天津、郑州、西安、石家庄、济南等地练习者众多，且互有交流。山东省济南市 2001 年 7 月成立了老年人体协空竹队，使抖空竹这项运动步入了健康发展的轨道。空竹队在济南四区下设四个支队，活动点有二十多处。他们配合宣传党的路线、方针、政策，积极落实全民健身活动，也提高了泉城抖空竹的技艺水平。目前，在济南抖空竹已蔚然成风，在各大公园和休闲场地均能见到抖空竹练习者的身影。以空竹会员为核心，市区范围内空竹习练者已达两千人之众，这中间亦不乏抖空竹的高手，与此同时也带动了齐鲁各地市的抖空竹活动。

一、溯源

抖空竹在我国有着悠久的历史，早在三国时期，曹植曾写过一首诗《空竹赋》；宋朝时期，宋江写过一首七言四句诗："一声低来一声高，嘹亮声音透碧宵，空有许多雄气力，无人提挈漫徒劳"。

明代《帝京景物略》"春场"中有童谣"杨柳儿青，放空钟"，证明此游戏在中国已有较久的历史。普通空竹分单轴和双轴两种。轴内是空的，每个轴上有孔四五个不等，孔内用木片作笛以利发声。连着轴有一个圆柱状的把，把的中段稍细。空竹除木制、竹制外，亦有用茶壶盖等器皿作代替物的。把空竹悬于系在两根小棍顶端的细绳上，玩者两手各持一棍来回拉动，便可产生旋转并随速度加快发出嗡嗡的响声。

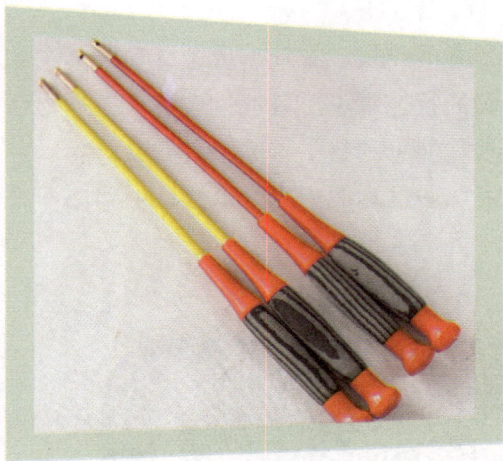

明代刘侗、于奕正在《帝京景物略》卷二中记述了空钟（空竹）的制作方法及玩法。清代坐观老人在《清代野记》中写到："京师儿童玩具，有所谓空钟者，即外省之地铃。两头以竹筒为之，中贯以柱，以绳拉之作声。唯京师（指北京）之空钟，其形圆而扁，加一轴，贯两车轮，其音较外省所制，清越而长"。

清代（公元1644–1911年），抖空竹已发展成为受人欢迎的杂技节目。杂技艺人在原有花样的基础上，又创作出许多新的花样和高难技巧。表演时与优美的舞姿和动听的伴奏音乐融为一体，更提高了人们的审美情趣。在发展过程中，艺人们不仅表演抖传统的车轮式双头空竹，又设计出陀螺式的单头空竹，而且还可以把茶壶盖、小花瓶等器物作为抖弄

道具进行表演。

最使人称奇的是，民国初年，在中国北部的天津出现了一位以酒葫芦为道具的民间艺人田双亮。天津是最早发明制作空竹的地方，所产的"刘海牌"、"寿星牌"空竹驰名国内外。

抖空竹是我国独有的汉族体育运动之一，它不仅是锻炼身体的手段，也是一种优美的艺术表演，很具观赏性。对于抖空竹，也应该同武术一样，加以挖掘、整理、继承和发展。

最近 20 年来，随着表演抖空竹演员的更新，他们又创造出不少技巧更全面、形象更优美、文化品位更高的空竹节目。仅以春节玩空竹为主题，就创作出许多不同意境不同格调的抖空竹来。北京杂技团的"玩空竹的小妞妞"再现了北京民间小姑娘玩空竹时爽朗、活泼、顽皮、幽默的生活情景；南京杂技团的"裙钗嬉春·抖空竹"则表现了宫廷少女抖空竹时的幽雅情致；中国杂技团的"抖空竹"则在翻越抛接上争强斗胜；广东杂技团的节目反映了现代女孩在瑞雪迎春时玩空竹的情愫。一个小小玩具，即使是只在春节娱乐中，也能玩出千姿百态，折射出中国民俗的丰富多彩。

◎ 二、艺术特色

　　空竹为圆盘状，中有木轴，以竹棍系线绳缠绕木轴拽拉抖动。空竹又分为单轮（木轴一端为圆盘）和双轮（木轴两端各有一圆盘）。双轮空竹比单轮空竹容易操作。圆盘四周的哨口以一个大哨口为低音孔，若干小哨口为高音孔，依各圆盘哨口的数量而分为双响、四响、六响，直至三十六响。拽拉抖动时，各哨同时发音，高亢雄浑，声入云霄。

　　空竹抖动时姿势多变，使绳索翻花，做出"过桥"、"对扔"、"串绕"、"抢高"等动作，也有以壶盖等抖空竹器具代替单轴空竹而游戏的。抖空竹的技巧颇多，有"仙人跳"、"鸡上架"、"放捻转"、"满天飞"等诸般名目，令人眼花缭乱目不暇接，其中"蚂蚁上树"系将长绳一端系于树梢，一端手持，另有一人抖动一只空竹，迅速将飞转的空竹抛向长绳，持绳者用力拉动长绳，将空竹抖向五六十米高的空中，待空竹落下时，抖空竹者将其稳稳接住，令观者惊叹不已。

　　抖空竹的动作，看上去似乎是很简单的上肢运动，其实不然，它是全身的运动，靠四肢的巧妙配合完成的。一般玩的空竹约200-300克，也有为了练劲的把空竹做得比较大，从一公斤到几公斤的都有。一个小小的上下飞舞的空竹，玩者用上肢做提、拉、抖、盘、抛、接；下肢做走、跳、绕、骗、落、蹬；眼做瞄、追；腰做扭、随；头做俯仰、转等动作，要在最有利的一刹那来控制它，在空中完成各种动作，过早过晚都要失败，这就需要做到反应快、时间准、动作灵敏、协调。而跳跃时，则不但要跳，腰部动作也很重要，上肢随同摆动，有时颈部也要运动。连续跳跃，心跳可以加速。

　　抖空竹运动量能随意控制，可视自己的体能来确定运动量，不必与人争抢冲撞。不受场地限制，占地小，器具简单，投资少，男女老少都可参加。抖法多种多样，有单人抖、双人抖、多人抖；有正、反、花样抖等一百多种玩法。抖空竹寓游戏于运动之中，只要玩得开心，合理掌握运动量，不但能够达到强身之目的，还能享受到其中的乐趣，其锻炼效果堪与慢跑、游泳、骑车、划船、爬坡、越野、徒手体操相媲美。青少年可以对高难动作进行练习，增加户外活动作为电脑游戏的补充，老年人和慢性病患者，可以通过不十分激烈的动作进行练习，坚持下去大有好处。尤其老年人，腰腿不便是常见的慢性病，抖空竹基本在于腰和四肢，如经常适度抖空竹，对舒筋活血，益寿保健有一定的效益。曾有许多报道了由于坚持抖空竹，恢复了健康和延缓衰老的实例。

三、传承意义

国家非常重视非物质文化遗产的保护，2006年5月20日，抖空竹经国务院批准列入第一批国家级非物质文化遗产名录。2007年6月5日，经国家文化部确定，北京市宣武区的张国良和李连元为该文化遗产项目代表性传承人，并被列入第一批国家级非物质文化遗产项目226名代表性传承人名单。

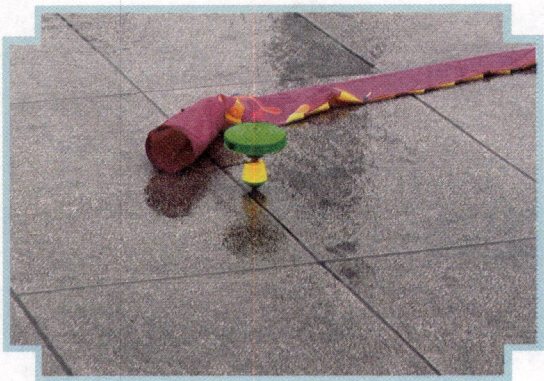

抖空竹在汉族文化渊源中既古老又新鲜，深得人民大众喜爱的一种集娱乐性、健身性、技巧性、灵活性、表演性，同时又具有收藏价值的物品。无论作为玩具，还是作为体育器具，空竹都可称的上难得之物。

它同武术一样，应该加以挖掘、整理、继承和发展。发展抖空竹运动，还对其他体育项目如武术、体操、跑步等也不失为一种良好的辅助运动练习，特别是中小学，在体育课上增加抖空竹训练，对青少年的发育也大有裨益。

随着城市的飞速发展与人们生活方式的改变，空竹作为历史发展的见证和民俗文化的传承方式，其存续的文化空间面临萎缩，因此，有关部门有必要采取各种有效措施对其进行保护。

四、学习方法

抖空竹深受广大中老年同志的喜爱。空竹价格低廉，易于学练，也不受场地限制。

　　空竹抖起来嗡嗡作响如牛鸣，抖空竹声十分悦耳，同时还能做出很多花样招式，具有很强的技巧性和观赏性，故而使不少同志乐此不疲。

　　学习抖空竹，须先从抖双头空竹学起，然后再学抖单头空竹。掌握基本功之后，再增加难度做花样招式。只要肯于钻研，勤练不辍，必有收益。不仅可以做到抖、捞自如，而且还可以达到手、眼、身、法、步中规中矩，挑、扔、背、跨、盘身手不凡，成为抖空竹的高手。

第2节 🔀 空竹的种类及规格

🔀 一、普通空竹的种类及规格

　　普通空竹分为双轮空竹和单轮空竹。传统的空竹轮片以竹木制作，上下层面为桐木，周圈哨孔为竹片，通过粘合而成。现在多由工厂采用工程塑料通过制模批量生产。

　　空竹轮片的直径有12.5厘米、10厘米和9.5厘米几种，厚度一般为3厘米，周圈设若干哨孔。

　　空竹的轴以硬木通过车床旋制而成，其长度为14-17厘米不等（包括插入轮片的部分），其直径通常为4厘米。空竹轴上的凹槽为承线槽，其直径为12-18毫米不等。

　　空竹由轮片和轴插入粘合而成，当然也有一种全塑空竹。空竹的重量一般在250-450克之间。单轮空竹还分为单层单轮空竹、双层单轮空竹和多层单轮空竹。

🔀 二、异型空竹的种类及规格

　　异型空竹绝大多数由习练者根据个人爱好手工制作。主要有：双头轴空竹、小（微）型空竹、大型空竹、塔式空竹和龙盘空竹。

双头轴空竹中间为单层或双层为 12.5 厘米的轮片，两面装轴而成。

微型空竹外形与普通空竹一样，只是非常小巧。其轮片直径仅 2 厘米，其重量不足 50 克。

大型空竹为普通空竹的放大体，蔚为壮观。其轮片直径达 30 多厘米，其重量超过 2 千克。

塔式空竹还分为双头塔式空竹和单头塔式空竹。其头部以不同直径的轮片由大到小粘合而成，其层数为 3-7 层不等。

龙盘空竹是一种无声空竹，盘大而薄，轴小而短，形似锅盖，除可做抖、捞、盘外，还可前抛回转。

空竹近几年有了很大的发展，按功能分有电子空竹、盘丝空竹和普通空竹；按材料分有竹制、木制、工程塑料、金属和橡皮空竹以及这些材料复合组成的空竹；按玩法分有单人玩的空竹和双人玩的空竹；还有一些根据个人喜好制作的多层和宝塔型（风鼓）空竹。总的来说，这些空竹可分为两大类：单头空竹和双头空竹。

电子空竹是利用高科技技术在空竹的风鼓里装上电子芯片并在电子芯片里注入音乐（你喜欢的歌曲），在风鼓的周边和鼓面装上闪光灯（小型彩色灯泡），再在轴心里装上干电池或充电电池（7 号或 5 号），当空竹高速旋转时就会发出娓娓动听的歌声和梦幻般的光环，使人赏心悦目，如若在舞台上表演更是令人叫绝。

　　盘丝空竹是为了适应盘丝动作的需要而对普通空竹进行了改进，主要是对靠近风鼓端的轴和线槽连接处的半径加大，而靠近轴头端的轴和线槽连接处的半径减小，稍微带一点倒锥形，改进后空竹不易从线绳上脱落，俗称不离线。盘丝是抖空竹中非常重要的一种基本技术，好多花样从中衍生。所以有了盘丝空竹，对空竹爱好者发挥技艺很有好处。

　　橡皮空竹目前是从台湾引进的技术，多为双头。形状跟杂技演员舞台上用的一样是双碗形。橡皮空竹的出现使空竹爱好者在抖空竹场地的选择上有了非常大的空间。它的最大好处是不受场地的限制。大家都知道，目前城市里土质松软的土地越来越少，而水泥地、花砖地等硬质土地越来越多，使用竹、木、塑料等材质制作的空竹在硬质土地上极易摔坏，而橡皮空竹任你潇洒却不易被摔坏，对初学者尤为好处多多，在青岛市，使用橡皮空竹者占了很大的比例。它还有一个好处，集体表演动作容易整齐划一，踩着迪斯科或踢踏舞舞曲还可以边跳舞边抖空竹，真是其乐融融。

按空竹的结构来分类

　　按空竹的结构来分，其种类如下：

　　1. 单头空竹——一个轴连接一个发声轮；

　　2. 双头空竹——在一个轴的两端各连接一个发声轮；

　　3. 双轴空竹——在发声轮的中心两侧各连接一个轴；

　　4. 楼子空竹——无论是单头空竹、双头空竹或是双轴空竹，凡是连接多个发声轮（两个以上），均为楼子空竹，如：单轴楼子（目前最多加到九层）；双头楼子（目前最多加到 12 层）；双轴楼子（目前最多 3 层）；

5. 地轴空竹——个发声轮中心贯穿一根棍，另配有一根线绳及一个打孔的竹板。

按规格来分类

大小尺寸有几百种规格，其最小的直径才有 2 厘米，最大的可达 40 厘米以上，但经常用的空竹（练习或表演）一般都用 10 厘米至 13 厘米的。过小的空竹可练技巧；过大的空竹可练臂力，练腰劲，练腿劲。

按制作的原材料来分

种类如下：

1. 竹木结构空竹：是用粗竹杆裁割与木材相组合成的，这是最传统的做法。其优点：发出来的声音悦耳好听，其缺点；强度差，易损坏。

2. 塑钢、塑木结构空竹：由于现代科学技术的发展，利用新材料，如用 ABS 工程塑料注塑而成，然后再与金属轴或木轴连接。其优点：

质量基本一致，使用寿命是竹木结构空竹的 3 倍左右。

3. 玻璃钢（环氧树脂＋玻璃丝布）与木材结构空竹：

其优点：声音洪亮，强度高，韧性好，使用寿命长，一般是竹木结构空竹的 3 倍至 5 倍。

4. 塑胶＋金属结构空竹：是利用橡胶或是改性塑料制成，与金属轴连接。其优点：不易损坏，使用寿命更长，但无声（国外生产的），国内生产的虽然有声但很小。

按功能来分

1. 练习表演空竹：即是一般规格的空竹。

2. 工艺品空竹：具有两种功能，即可以抖着玩，又可以观赏收藏。

3. 电子空竹：抖起来即有彩色灯光，又有音乐。

第 3 节 空竹的器材特点

杆是抖空竹的必备器具，一般杆的直径约 8-12 毫米，特殊需要也有更细或更粗的，长度为 450-550 毫米为佳。现在发展一种长杆技艺杆长多大于 1 米。在北京曾有 2002 毫米长的一副长杆，是 72 岁张文瑞老先生为纪念 2002 年特意制作的，抖起来颇为好看，也是看到的最长的一副杆。杆的材质传统的使用竹、木，而现在则多用玻璃钢棒或工程塑料棒，也有用钓鱼杆改制的。为了增加表演的花样，在杆上还附加了许多附件，如：托碗（直径 60 毫米）、挂钩（横、竖两种）、支杆等。

线绳是用一般的棉线，可以买（在北京前门大街线绳店有专卖），也可以自己搓制（用手套线或其他棉线）。无论买还是自己搓，都要注意线绳拧的方向，右手抖空竹线绳向右拧，左手抖空竹线绳向左拧，反了则在抖空竹的过程中线绳会自动缠开，这一点务必注意。线绳长度是杆长加 3/4 臂长为易。连接方式，过去是把线绳拴在杆两端的线槽内，这样在盘丝时容易把线缠在杆上，而现在是把线绳穿入一个特制的线绳是用一般的棉线，可以买也可自己可以搓制，无论买还是自己搓都要注意线绳拧的方向，右手抖空竹线绳向右拧，左手抖空竹线绳向左拧，反了则在抖空竹的

过程中线绳会自动缠开，这一点务必注意。线绳长度是杆长加 3/4 臂长为易。连接方式过去把线绳拴在杆两端的线槽内，这样在盘丝时容易把线缠在杆上，而现在是把线绳穿入一个特制的螺帽内（可用自行车气门芯螺帽代替）。

一、抖空竹的杆

抖空竹的杆，分为竹、木、塑料、玻璃钢、碳素和树脂合成绝缘材料等，初学者多采用竹制和木制的。而比较讲究的可采用树脂合成的绝缘杆，这种杆坚固耐用弹性好，下端装有硬木旋制的手把，顶端装有带有螺纹的特制铜头，使接线更加科学、牢固而又美观。

二、抖空竹的线

抖空竹的线，须采用纯棉线绳。它柔软而不滑，有较强的摩擦力，易于空竹的启动加速。线绳一般由三或四股棉线纺成，线径为 2-3 毫米，要均匀光滑有劲无破散。抖空竹线绳的截取长度一般与本人身高等长或是按杆长的 3 倍。原则上杆短线也短，杆长配线也长。当然还有个习惯问题，总之过长过短都不好用。线的中间不能有接头，用坏的线绳应及时更换。异型空竹的杆和线要求也不一样，一般说来，抖小（微）型空竹要用细杆细线，抖大型空竹和抖较重空竹须用粗杆粗线，可由习练者根据本人情况自行选定。

第 **4** 节 〔∞〕 抖空竹的身法

　　一是头要提顶。论身法，得从"头"说起。常言说："火车跑得快，全凭车头带"。形容头是起带头作用的。抖空竹时，必须首先保持自己的头部端正。这是因为人的中枢神经调动着全身，所谓"以心行气，以气运身"就是由神经中枢带动的。身体的一切行动，都是通过大脑来指挥的，所以头顶就像是个定盘星，抖空竹时身形步法无论怎样变化，定盘星不能丢，顶一丢，身体就会失去平衡。

　　二是松肩坠肘。肩为上肢的根节，即从肱骨头一直到肩胛骨。肩胛骨像是一只盘子，叫做肩盂，肱骨头在这盘子里形成肩关节，能来回转动。松肩的作用和目的是为了把全身的力量传到手上去。如不能松肩，肩关节是僵滞的，手上再使一点力，那么手臂就会有发飘的感觉。肩关节一松，手上的气血马上就会过去。在抖空竹时也不可紧肩，肩若一紧，阻滞了气血向末梢的传导，气血达不到末梢，抖动时就有少气无力之感。

第5节 ∞ 抖空竹的基本功

抖空竹的要领。平行、同面、协调、成角是抖空竹的四个基本要领。

（1）平行：在抖空竹时，身体要和空竹的某一面平行，这样抖绳就不易脱槽。

（2）同面：所谓同面是指两个杆头要在同一个平面内，这样空竹的运动才能在同一平面内。

（3）协调：主要是指双手配合要协调。在抖空竹时，主要是右手发力，左手配合右手拉送协调。

（4）成角：不论是抖、拉、盘等动作还是空竹平面运动或立面旋转，空竹与两根抖绳和人体均应构成三角形状。

三个要领一个平衡方法。

（1）三个要领：在抖动空竹及空竹加速过程中必须遵循的三个要领。

一是对正——自己的身体始终对正空竹的一个端面。

二是对齐——双手握杆，杆头要对齐，杆头应在一个立面上。

三是右手用力——右手用力抖动，左手放松配合跟随。

（2）掌握平衡方法：空竹在被抖动旋转过程中，由于双手配合不好就会出现前轮抬头或后轮翘尾的倾斜现象，这时要及时调整掌握平衡，方法：以右手绳为主，如前轮抬头，

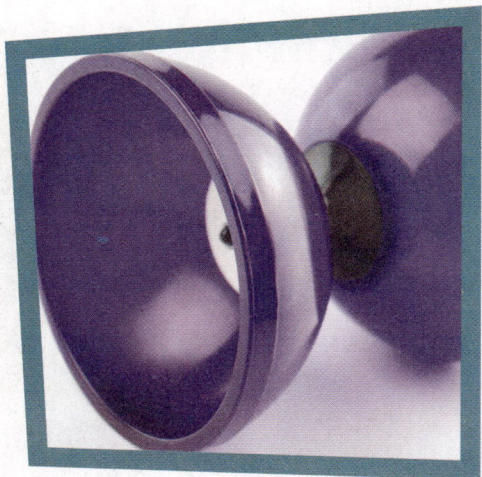

右手绳向前轮靠拢向前拉线；如后轮翘尾，右手绳向后靠拢向后拉线，左右线绳夹角越大，调整平衡效果越好，待前后轮平衡后随即双手杆头对齐继续抖动即可。

一、握杆的方法

　　动作是否舒展大方，姿势是否潇洒优美，动作是否连贯流畅皆与握杆方法有很大关系，握杆的方法实际上是拳型的变化。左手握杆时先从小指到食指依次往里卷，攥住抖杆，然后再可在抖杆上。右手握杆时基本同左手握法，但有时把大拇指卷在抖杆上。常见的握杆方法有以下四种。

　　（1）正握：手背向后，手心向前，抖杆向右伸出。如正常平抖时右手动作。

　　（2）反握：手心向后，手背向前，抖杆向右伸出，如正常平抖时左手动作。

　　（3）仰握：手心向上，手背向下。如盘丝过顶时左手的握法。

　　（4）俯握：手心向下，手背向上。如捞月时左右手的动作。

　　以上不论哪一种握杆方法，都应注意：手腕要松活，手指要灵活，手心要留空隙。握杆时以拇指、食指、中指为主，无名指、小指随时配合，随着空竹抖法的变化而灵活掌握，顺其自然。

二、抖空竹的基本手法

　　抖空竹的手法有抖、拉、甩、挑、抛、捞六种，初学者必须把这六种手法精通熟练后，才算是学会了抖空竹。

（1）抖：就是双手将空竹协调拉送，是空竹动作中最基础的手法。

（2）拉：通过抖绳用力将空竹从某一方位向另一方位拉动的手法。如拉月。

（3）甩：为了使空竹提速，利用手腕急速摆动，使空竹产生位移的手法。如玉带缠身。

（4）挑：挑就是将空竹从杆上或绳上某一点向需要的地方送去，分杆挑和绳挑两种。

（5）抛：抛就是利用抖绳的弹性将空竹弹出去，而不是扔出去。如高抛。

（6）捞：就是空竹脱绳后重新接住空竹的手法，是抖空竹运动中运用最多、最为关键的手法。

三、抖空竹的基本步法

抖空竹有上步、进步、跟步、撤步、跳步、转步六种。

（1）上步：即一脚向前迈一步，如立盘丝的步法。

（2）进步：两腿交互迈进两步或两步以上，如上马挽缰时步法。

（3）跟步：后脚向前迈进一步，前脚随之进半步落于其后或进一步形成并步，如背翻式步法。

（4）撤步：一脚后退一步，另一脚随之后退半步，如怀中抱月时的步法。

（5）跳步：前脚蹬地跳起，后脚瞬间腾空后落地，如天鹅跳。

（6）转步：即为旋转步，在抖空

竹时运用最多，最为关键的步法。

抖空竹对步法的要求也十分严格，以上步法必须做到：进退转换，腰腿灵活，轻灵稳健。前进时，脚跟先着地，重心稳固，虚实分明。

四、空竹的启动方法

要练习抖空竹的基本功，必须首先练习空竹的启动，这是必须掌握的最基本的手法。

（1）直接启动法：将空竹置于地上，使其轴垂直于身体。将线绳从空竹下放入承线槽内，并交叉半个扣。一般左线外右线内，左线长右线短，双手握杆将线拉直。右手向右拉动，向右沿地滚动，随着滚动加快将空竹提起。右手用力向上提拉，左手紧随而线不松，反复抖拉则空竹转速加快，嗡嗡作响。

（2）捻转启动法：左手握双杆，右手将空竹放在线绳上并顺时针翻转，右手捏住空竹轮片顺时针捻动旋转后，右手及时将右杆接回，右手用力向上提拉，左手紧随而线不松，反复随着转速加快，空竹嗡嗡作响。

（3）交叉启动法：两个要点。

一是空竹碗口对人、抖线与空竹轴垂直。

二是左杆高右杆低，线在上从右向里往下绕，向左后再转向右绕在空竹中轴上，此时抖线左在前，右在后为交叉状。之后左手将线拉紧不松，右手垂直向上慢慢将空竹提起，尽量将线的摩擦力用在空竹轴上。

要求：按上标准练到随时随地将空竹启动平稳旋转不摇晃为止。

目的：抓住两手不用大力将两线拉直，有空竹下沉的重量感。

五、空竹的旋转脱扣

空竹启动后，在抖拉过程中，常常需要解扣或是调整内外线的位置，如果不能及时脱扣，抖空竹则很难持续进行。下面介绍三种脱扣方法。

（1）转体脱扣法：在空竹启动之初，就需要做转体配合，身体要随着空竹的抖拉及时连续左转体，则可以及时脱扣。

（2）倒杆脱扣法：在抖空竹过程中，将右手杆从左手线后绕过或是将左手杆从右手线后绕过谓之倒杆。通过倒杆可以调整内外线的位置，如右手线在外，通过右倒杆可以将线调到内；左手线在外，通过左倒杆可以将线调到内。

（3）甩绕脱扣法：双手握杆将空竹甩绕一周，同样可以调整内外线的位置，由下而上顺时针左甩，则右手线由外到内。反之，由下而上逆时针右甩，则右手线由内到外。

六、调整方向的技法

在抖动空竹时应面向固定的方向，但有时会发生空竹向左或右偏转现象。如果需要向左方调整，其方法：左手高举杆把线绳拉紧，用稍倾斜的右杆头轻轻地触动空竹的后轮（杆与中轴线成45度角），空竹即转向左方。如果需向右方调整，其方法：左手高举杆把线绳拉紧，用稍倾斜的杆头轻轻地触动空竹的前轮（杆头向内侧与中轴线成45度角），空竹即转向右方。

空竹在抖动时有时会出现向里或向外的歪斜现象，如不及时调整，就很难做各种配合和花样。

（1）空竹向外侧歪斜：右手的抖绳拨动空竹轴在己方一侧的轴面，直到将空竹校正为止。

（2）空竹向里侧歪斜：右手的抖绳拨动空竹轴在外侧的轴面，直到将空竹校正为止。

（3）空竹跳动时：用右手抖杆轻轻触动一下空竹轮的外圆，空竹即可平稳地转动。

七、加速技法

空竹抖动起来平稳后，当右手提拉起空竹的瞬间，右手立即在空竹轴上从左至右绕上一圈，形成下交叉状（上扣），右手杆将空竹向右斜上方拉起，左手配合做向右方送的动作，等空竹下落到底时再将空竹拉起，这样反复多次即可提高空竹的转速。

避免卷线提示如下：

（1）左手杆或送或回收时，速度应与右手协调好，线绳不能出弯，也不能拉得太紧。

（2）在转速达到一定要求时，摘扣时要注意：在右手向上提拉空竹的一瞬间摘扣。

（3）在抖动时左手线稍靠前。

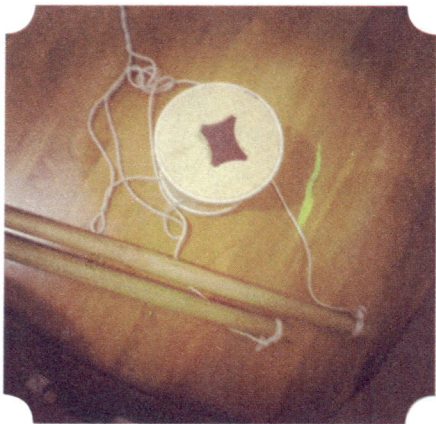

八、抄接技法

（1）正抄技法：将空竹加速到一定的转速时，摘扣，将两臂伸展开，右手略高左手略低，此时空竹停留在靠近右杆头的绳上，然后右手用力向左上方扯动，使空竹跳起，绕过一圈将空竹接起，此操作过程称为正抄。

（2）反抄技法：将空竹加速到一定转速时，摘扣，再将两臂伸展开，左手略高右手略低，此时空竹停留在接近右杆头的绳上，然后右手用力向右上方扯动，使空竹弹起，这时迅速将线拉直，用右手杆头部的线绳对正空竹的轴心从上往下，往左抄空竹，此过程称为反抄。

九、抖空竹的基本功

抖空竹有三大基本功，即"抖""捞""盘"，分别介绍如下。

1. 抖

前面已经介绍了空竹的启动和旋转脱扣，可以说已经能够抖了。但要做到熟练抖空竹，还要经过一段认真习练。一般来说，抖空竹有两种姿式：一是上下抖动；二是横向抖动。

（1）上下抖动：空竹的上下抖动，主要手法是右拉左送，要做到轻拉慢抖，线不松。右手用力，要大臂带动小臂，以小臂带动手腕，要把空竹抖得平稳，要把空竹抖得嗡嗡作响，空竹在身前上下浮动。当空竹出现两头不等高时，要会调整，其方法就是加大两线夹角，以右线在抖拉过程中压高的一端为基准。

（2）横向抖动：空竹的横向抖动，是在抖的过程中，空竹在身前左右移动。抖时右手用力向右上方抖拉，左手紧随，空竹右移。右手松线时，左手向左下回拉。以保持线不弯，空竹向左回落。此

抖法有利于提高转速，空竹的响声会更大。抖空竹的"抖"意蕴颇深，抖空竹有振奋之意，展现之意，体现了玩空竹那种振奋精神的乐趣。空竹抖起来鸣声清越，嘹亮中透着深厚，可传至数百米。抖空竹姿式多变，能抖出很多花样，于身于心都是健康快乐的享受。

2. 捞

捞也称水中捞月，基本手法是在抖空竹的基础上，右转身解扣，右手上提使空竹离线，左手线从空竹头部脱扣，在空竹下落时右手线从空竹外侧搭线接住，再向上提拉，反复进行。空竹始终做上下运动。

捞月过程中，初学者容易捞不住或是越捞越歪，以至于不能连续进行。除了加强练习外，有两点必须注意：一是捞月时线与空竹的轴必须垂直；二是在右手线接空竹时，左手要上举，将线拉直并保持竖直状态。这样通过练习，很快就会掌握。

3. 盘

盘丝亦称金蛛盘丝，它是捞月的延伸和变种。分为竖向盘丝和横向盘丝。

（1）竖向盘丝的基本手法是：在抖空竹的基础上，通过右手的甩动把空竹从右前方盘到左后方。右手在右前方搭线甩出，左手在左后方脱扣，空竹以水平状态在身前按右、下、左、上的顺序竖直绕大圈旋转，而在整个过程中空竹不离线，此动作反复进行谓之盘丝。这中间必须注意两点：一是盘丝以右手为动力，左手辅助，右手动作幅度大而左手应尽量减少摆动；二是在盘丝过程中，要不断做左转体配合，这样才能连续进行。

（2）横向盘丝的基本手法是：在竖向盘丝的基础上，右手有意识向前甩绕，从而使空竹在盘丝过程慢慢立起，随着身体的不断左转把空竹盘平。使空竹在站立状态下，在身前按右、前、左、后的顺序水平绕大圈旋转。此过程十分柔顺均匀，空竹在自身旋转的同时，又始终在线的控制下水平绕大圈旋左转把空竹盘平。这中间也要注意两点：一是左右线的夹角不能过大，否则空竹易于脱线；二是转体要快，配合要及时。

4. 动作

抖空竹动作常见的有如下几种：

鸡上架

即待空竹急转之后，将绳扣解开并把空竹抛起，用棍接住，使之在棍上跳滚或转到另一棍上。

仙人跳

用脚踏在绳的中段，使在脚一侧转动的空竹由脚背上跃过至另一侧。

满天飞

将空竹抛起，然后用绳接住，再抖或再抛掷。

放捻转

仅单轴适合此玩法，即把轴端（尖头）放落到平滑的地面，轮面朝上，使之旋转，待转速减慢时救起再抖。

chapter 2

巧妙奇魔术扣

　　抖空竹原是庭院游戏，后经加工提高，有了竞技性质，并成为传统的杂技项目。抖动时姿势多变，绳索翻花，表演出串绕、抡高、对扔、过桥等动作，称作"鸡上架""仙人跳""满天飞""放捻转"等。也有用壶盖、酒瓶等器具代替空竹的。

第1节 🐋 鲸鱼脱钩

一条鲸鱼被钓住后，在收网时，挣脱钓钩跃向空中，它是如何逃脱钓钩的呢？

🐋 一、鲸鱼脱钩动作分解

（1）启动空竹并加速。在未解扣的情况下，再加缠一扣。

（2）右手绳从右向下，经空竹下部向上挑住左手绳，并连续带着空竹逆时针方向旋转三圈。

（3）两手同时向上，空竹脱绳向上。

（4）右手举杆向上，左手低下，空竹落于绳上复原。

🐋 二、鲸鱼脱钩技术要点

（1）该招式的关键在于空竹启动加速后不解扣，然后再加上一扣。

（2）带着空竹逆时针方向旋转时，应避免抖绳发生缠绕。

第2节 ⋈ 筑巢色鸟

喜鹊筑巢于树杈之上作为洞房爱屋，然后交配育子，待小鸟翅硬羽出，便飞出鸟巢。本节介绍的这一招式，左插右穿，便好比喜鹊筑巢一样，随后空竹飞出，便如同鹊鸟离巢一般。

⋈ 一、筑巢飞鸟动作分解

（1）启动空竹并加速，然后解扣，空竹下垂于身前。

（2）左手杆横于胸前，右手绳从左杆外上引，向下搭于左杆之上。

（3）右手抖绳向下，并从空竹的右侧通过空竹轴向左。

（4）右手提绳向上，并用右杆头插入左杆的两根绳套之中。

（5）左手杆外拉，右手由右向左将空竹拉起，并用右手杆压住左手绳，空竹下翻于左绳上垂于身前。

（6）左手杆头插入右手杆上的绳套之中，右手杆向外抽出。

（7）右手提绳，从左杆的内侧向下搭于左杆上。

（8）右手抖绳向下，并从空竹的右侧通过轴底向上。

（9）两手同时向上，空竹离绳飞出。右手杆上举，空竹落于绳上滑下复原。

⋈ 二、筑巢飞鸟的技术要点

（1）该招式的关键在于杆头插入绳套这一步骤。

（2）这里所说的绳套，就是在杆上所形成的绳圈，把这根杆上的绳移到另一根抖杆上，绳扣的方向便发生了变换。

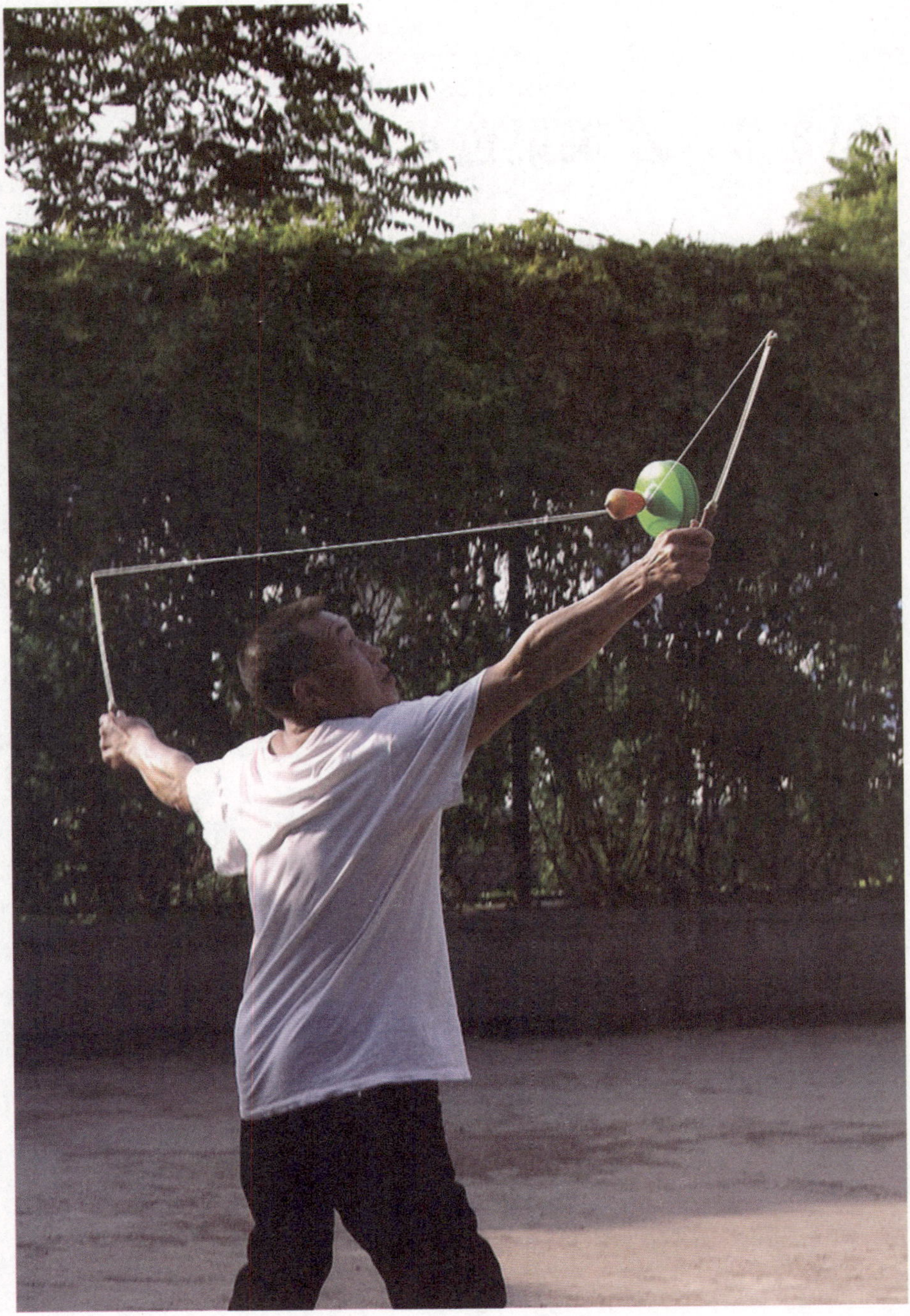

第 3 节 ∞ 回马舞枪

❝回马枪"源自《说唐》罗成和秦叔保互相教授对方自家武艺,其要诀不在于"回身刺",而在于"回马刺"。回马舞枪之一招式先是逆时针方向转,再顺时针方向转,形成回马枪的格局,便是其名字的由来。

∞ 一、回马舞枪动作分解

(1)启动空竹并加速,然后解扣,空竹下垂于身前。

(2)右手抖绳从左手杆的外侧搭于左杆上。

(3)左手杆前伸,逆时针方向带着空竹向上旋起,这时空竹应顺着右手绳落下,左手杆内拉。

(4)待空竹垂下时,左手杆压着右手绳顺时针方向带起空竹,并使空竹落在右手绳上。

（5）右手提绳向上，从左杆的外侧将绳搭于左杆之上。

（6）右手抖绳向下，从空竹的右侧过轴向左。

（7）右手与左手平行，同时双手向上，空竹离绳脱出。右手杆上举，空竹落于绳上复原。

二、回马舞枪技术要点

（1）空竹旋起下落时，左手杆要向身体左侧抽回，让过抖绳，使左手绳在抖绳外。

（2）空竹应先逆时针方向旋转，后顺时针方向旋转。

相关链接

空竹的分类

抖空竹在我国有着悠久的历史，早在三国时期，曹植写过一首诗《空竹赋》；宋朝时期，宋江写过一首七言四句诗："一声低来一声高，嘹亮声音透碧宵，空有许多雄气力，无人提挈漫徒劳"。

空竹发展至今，有了更多不同的样式，按照功能分类，空竹包括以下三种。

1. 练习表演空竹

这种空竹就是一般规格的空竹。

2. 工艺品空竹

这种空竹具有两种功能，即可以抖着玩，又可以观赏收藏。

3. 电子空竹

这种空竹抖起来即有彩色灯光，又有音乐。

第 4 节 ⋈ 古藤缠树

藤条缠树，自然之常理，和谐之景象，两物相依相连，如情侣缠绵、夫妇偕老，给人一种情景交融的美妙感觉。古藤缠树这一招式的线路左缠右绕，十分复杂，故因此而得名。

⋈ 一、古藤缠树动作分解

（1）空竹启动加速后解扣，左手杆随即前伸，压着右手抖绳，顺时针方向将空竹带起。

（2）左杆压住抖绳后，连续带着空竹旋转3圈（每次都要让左杆压住抖绳），空竹下落在抖绳上。

（3）待空竹下垂后，右手杆头插入到左杆上面的绳套中。

（4）右杆插入绳套后，左手杆回拉，然后左手带绳逆时针方向将左手绳缠到空竹轴上。

（5）缠完3圈后，左手杆与右手杆平行，然后双手同时向上，空竹离绳脱出。

（6）右手杆向上举，空竹下落到绳上滑下复原。

二、古藤缠树技术要点

（1）该技法的关键在于绳套移杆。

（2）顺时针方向旋转3圈，逆时针方向旋转3圈，方可解套脱出，切忌多绕或少绕。

相关链接

空竹的传承意义

抖空竹在汉族文化渊源中既古老又新鲜，是深得人民大众喜爱的一种集娱乐性、健身性、技巧性、灵活性、表演性，同时又具有收藏价值的物品。无论作为玩具，还是作为体育器具，空竹都可称得上难得之物。

它同武术一样，应该加以挖掘、整理、继承和发展。发展抖空竹运动，还对其他体育项目如武术、体操、跑步等也不失为一种良好的辅助运动练习，特别是中小学，在体育课上增加抖空竹训练，对青少年的发育也大有裨益。

随着城市的飞速发展与人们生活方式的改变，空竹作为历史发展的见证和民俗文化的传承方式，其存续的文化空间面临萎缩，因此，有关部门有必要采取各种有效措施对其进行保护。

第5节 ∞ 造梯登天

利用空竹魔术扣所做的这一招式，将梯子靠向天空，就能顺利地将你送到天上。不信？那就顺着线路去试一试吧！

∞ 一、造梯登天动作分解

（1）空竹启动加速后解扣，将左手杆插入绳套中挑起右手绳，然后再用右手杆挑起绳套右边的抖绳，形成一个交叉绳扣。

（2）用左手勾住右边的抖绳，右手勾住左边的抖绳，形成一个双交叉绳扣，这时空竹轴呈无扣状。

（3）双手向上，空竹从绳套中离绳脱出，然后落到交叉扣的最上边。

（4）左、右手松开所勾的抖绳，并将左手杆头插入到抖绳的绳套中。

（5）左手杆逐步由立变平，右手也随之变平，向右方。

（6）双手同时向上，空竹离绳脱出，然后右手杆向上，空竹落到绳上滑下复原。

∞ 二、造梯登天技术要点

（1）注意开始时，是将左手杆插入解扣后的绳套中，然后挑起右手绳，不可弄混左、右手杆。

（2）在形成双交叉扣时，要把下交叉扣变成无扣，这样空竹方能脱出。

第6节 〄 穿针引线

古 时妇女做女红，全是线穿钢针缝衣纳底，特别是用针纳鞋底子，需采用顶针钳拔，十分辛苦。穿针引线这一魔术招式，便好似针线穿梭，看似轻松自如，但却精妙细致，意味深长，让人不禁叹为观止。

〄 一、穿针引线动作分解

（1）启动空竹后加速解扣，左手杆前伸并将空竹带起，左手杆压住右手绳。

（2）空竹在左手的带动下，按顺时针方向旋转1圈，并且下落时压住右手绳垂下。

（3）右手杆插入到左手杆的两条垂绳之中，左手杆抽出。

（4）将左手杆移至抖绳的右边，空竹按逆时针方向旋起，翻压住所有的抖绳，这时左手在右，右手在左。

（5）随即将左手杆与右手杆的位置调换一下，即左手杆从右手杆绳的后边移至绳的左边，同时双手向上，空竹脱绳。

（6）空竹下落到绳上复原。

二、穿针引线技术要点

（1）要注意空竹翻压抖绳的方向。做步骤（2）时，空竹是按顺时针方向翻压住抖绳，而步骤（4）则是先将左杆放到抖绳的右边，这时空竹逆时针方向翻压住抖绳。

（2）步骤（5）是将手的位置调换一下，注意移杆的先后位置。

相关链接

空竹与健身

空竹最初为宫廷玩物，后传至汉族民间并广为流行。特别在中国北方地区曾风靡于城乡百姓之中，成为家喻户晓的健身娱乐玩具。中华人民共和国成立后，特别是随着中国改革开放发展和小康社会的建设，人民的物质文化生活得到了极大提高，对于文化品位的提升和强身健体也有了更高要求。抖空竹作为一项古老而又年轻的体育活动又焕发了青春活力。

抖空竹集健身、娱乐、表演于一体，四季寒暑都可练，男女老少皆适宜，深受广大群众欢迎。近些年来，抖空竹在全国各地有很大发展，特别是北京、天津、郑州、西安、石家庄、济南等地练习者众多，且互有交流。山东城济南于 2001 年 7 月成立了老年人体协空竹队，使抖空竹这项运动步入了健康发展的轨道。空竹队在济南四区下设四个支队，活动点有二十多处。他们配合宣传党的路线、方针、政策，积极落实全民健身活动，也提高了泉城抖空竹的技艺水平。目前，在济南抖空竹已蔚然成风，在各大公园和休闲场地均能见到空竹练习者的身影。以空竹会员为核心，市区范围内空竹习练者已达两千人之众，这中间亦不乏抖空竹的高手，与此同时也带动了齐鲁各地市的抖空竹活动。

第 7 节 ⋈ 顿锁飞天

在《三国演义》《岳飞传》等古典小说中，常用"打碎玉笼飞彩凤，顿开金锁走蛟龙"这样的句子来形容名将被擒后侥幸逃脱的场景。在顿锁飞天这个招式中，空竹先是被困在了绳套之中，但最后它却自由地冲破限制，破网而飞，便犹如名将脱困一般，十分潇洒自如。

⋈ 一、顿锁飞天动作分解

（1）启动空竹后加速，然后用右手杆头挑住左手抖绳。

（2）用左手杆头挑住右手绳，抖绳呈一个"凶"字形，身体随之下沉。

（3）双手向上，空竹顶着上边交叉的抖绳离绳脱出。

（4）空竹下落到绳上复原。

⋈ 二、顿锁飞天技术要点

（1）在做这个招式时，左右杆各挑住相应抖绳后，可将空竹脱出落于上边的抖绳交叉处。然后双臂向上送，空竹脱出后落到最下边自抖绳上，即"鱼跳龙门"。

（2）当空竹落到最下边的抖绳上后，双臂垂直向上，空竹顶着抖绳从杆上滑脱后飞出。这里注意：空竹一定要顶着上边的抖绳。

第8节 龙卷凤舞

该 种动作是左、右手翻转空竹，然后向上将空竹脱线抛出。整个过程便犹如龙卷凤舞一般，令人眼花缭乱。

一、龙卷凤舞动作分解

（1）启动空竹后加速，右手绳在轴上加绕一扣。

（2）右手顺时针方向将空竹拉起，这时右手扣随之解除，右手杆头挑住左手抖绳。

（3）右手杆压住抖绳摇转空竹两圈。

（4）待空竹垂于右手杆下方后，右手杆向上，空竹离绳脱出。

（5）右手杆向上，空竹落于绳上。这时左手顺势向上将空竹拉起到身体右侧。

（6）待空竹到达身体右侧后，右手向上，使空竹从右返回到左侧。

（7）左手杆向前，使抖绳落于左杆上，并顺势逆时针方向摇转空竹两圈。

（8）左手杆向上，空竹离线脱出；右手杆向上。空竹落于绳上收起。

二、龙卷凤舞技术要点

（1）摇转空竹时，杆头一定要挑住抖绳，以绳杆交会处为中心摇转空竹。

（2）空竹均应落于杆挑的抖绳上。

第9节 织女理丝

这种魔术扣，在双轮空竹中是较常用的一种。每当双轮空竹的套路准备做最后收势时，多采用这种方法结束。

一、织女理丝动作分解

（1）启动空竹后加速，空竹垂于身前。

（2）右手提绳向上，从左手杆的左侧将绳搭于左手杆上向下。

（3）右手引绳向下，并从空竹的左侧、下方托住空竹轴到右边。

（4）右手绳从空竹下边通过后，提绳向上，并从左手杆的右侧向下，使右手绳搭于左杆上。

（5）右手引绳从空竹的右下方向左托住空竹。

（6）右手提绳向上，将绳从左手杆的右侧搭于左杆上向下。

（7）右手引绳向下，待到空竹下方时，将右手杆横于空竹轴下，杆头朝右。

（8）两手同时向上，空竹离绳脱出。空竹下落时，右手杆向上，使空竹落于绳上复原。

二、织女理丝技术要点

（1）右手引绳搭杆时，第一次应搭在左手杆的手柄处，第二次应搭在离杆头10厘米处，第三次应搭在前两次的中间位置。这样可避免抖绳交叉相压。

（2）本招式共有三次引绳搭杆，请勿遗漏。

第 10 节 文王吐子

" 文王吐子"，是古典小说《封神演义》中的故事。文王之子伯邑考为救父亲进宫赎罪，纣王将其杀害后做成肉饼让文王吃。文王明知是其子之肉，勉强吞下归返西岐后，却只见到九十八子前来接迎，回想到伯邑考之死，心中悲恸，遂吐出肉饼一块，落地翻滚化作兔子向西方跑去。

本招式是先翻转空竹，再将其反向翻转，就犹如文王先食下其子之肉，后又将其吐出一般。

一、文王吐子动作分解

（1）启动空竹并加速。待空竹下垂后，右手将空竹带起，右手抖杆压在抖绳上。

（2）右手杆头压住抖绳后，随即逆时针方向摇转空竹 2 圈。

（3）空竹翻转 2 圈后垂下，这时将左手抖绳从右手杆的右侧搭到右杆上。

（4）右手按顺时针方向摇着空竹翻转 3 圈，然后将右手杆顺势横放于空竹轴下。

（5）双手一齐向上，空竹脱离抖绳，右手杆上举，使空竹落于绳上滑下。

二、文王吐子技术要点

（1）空竹先逆时针方向翻转 2 圈，再顺时针方向翻转 3 圈。

（2）空竹每次翻转落下时，一定要平稳落到抖绳上。

（3）当空竹顺时针方向翻转到最后时，右手要顺势横放于空竹轴下。

第11节 兔起鹘落

兔起鹘落，意为兔子刚跳起来，鹘就飞扑下去，比喻动作敏捷。此空竹招式便如同该词形容的一般，有起有落，转承灵活。

一、兔起鹘落动作分解

（1）启动空竹后加速，将左手杆递到右手中，然后左手手掌进入绳套中将绳套撑起，手心向上。

（2）左手摇动绳套，空竹在绳套中上下蹿行。

（3）摇动2圈后，将空竹弹出绳套，并落于抖绳的上面。

（4）左手向上提着空竹，并用手指从绳套的中间勾着右手绳拉出，使原来的左手绳挂到右手绳上，同时身体左转。

（5）双手同时向上送出，左手松开勾着的右手绳，空竹脱出向上。

（6）右手持双杆由后向前甩去，将下落的空竹套住。

二、兔起鹘落技术要点

（1）左手撑起绳套后，应将抖绳撑紧。

（2）在摇转空竹时，左手应按逆时针方向转动。

（3）向前钓挂空竹时，右手臂应由后向前甩，挂准空竹轴。

相关链接

争奇斗艳动作分解

（1）开始时，先由女角上场，同时启动两个空竹呼啦圈，男角则围绕女角做跑场。

（2）待女角把空竹旋转于身后时，男角迎着女角上场，女角把绳套套到男角身上，身体转动，两人背靠背来推拉空竹。

（3）两人背靠背推一圈空竹后，男角用左臂，女角用右臂，同时向左推空竹。向前推拉三四步后改女左臂、男右臂推动。

（4）向前推拉后，伴随转体调整为女左臂、男右臂在身后搂着对方后腰，共同起跳转圈。

（5）这样跑圆 1 圈后，两人左右臂互挽，原地转动推拉空竹。

（6）伴随着身体的调整转动，变为相对而转，当两人面对面时，击掌并转体。

（7）各自转动 3 圈后，男角调整到女角身后，女角在前稍下蹲，两人各抖转一个空竹。

（8）女角左臂叉腰，右手推拉空竹并绕着男角转动。男角原地不动，从腰间拿出"神童玉女送吉祥"一横幅举于头顶上方。

（9）男角从绳套中退出，手举横幅在女角后边来回跑场，女角则左右手各握一抖绳原地展翅旋转，逐步收绳，女角身体下蹲，男角立于女角后手举横幅做收场造型。

第 12 节 ∞ 一举两得

下 庄子欲刺虎，馆竖子止之，曰："两虎方且食牛，食甘必争，争则必斗，斗则大者伤，小者死；从伤而刺之，一举必有双虎之名。"本节要介绍给大家的这种魔术扣便得名于此，是一种能够呈现两种不同结果的空竹技法。

∞ 一、一举两得动作分解

（1）空竹启动加速后，下垂于身前，右手抖绳从左手杆的外侧搭于左杆上向下引。

（2）右手引绳向下，右手绳通过空竹的轴底由右侧向左托住空竹。

（3）左手杆递到右手中。

（4）右手向上将空竹脱出，右手绳由上向下甩去将空竹套住。

（5）利用上边步骤（1）—（3）中所述的方法将空竹脱出，右腿向右横开一大步，左腿迅速后撤至右腿的后边呈两腿交叉状，同时右手绳由左向右朝空竹甩去，空竹被套住。

（6）除了步骤（5）中描述的侧身套法外，还有一种转身接法，就是将空竹脱出后，身体迅速右转，同时右手随转身在身后将抖绳由下向上甩起，收住空竹。

∞ 二、一举两得技术要点

（1）做这一魔术扣时，一种是将空竹脱绳后，抖绳由上向下将空竹套住；一种是抖绳由下向上将空竹套住，所以关键在于套。

（2）套空竹时，抖绳不得产生绞绳的现象，一定要将抖绳甩开，

瞄准空竹，才能保证准确无误。

第13节 ◎ 仰天钓月

这是一种难度系数较高的魔术扣动作。仰天钓月，就好比月亮从天上掉下时，突然仰面朝上，举杆将月亮套住一般。

◎ 一、仰天钓月动作分解

（1）空竹启动加速后下垂于身前。

（2）左手杆提起空竹，并将抖绳从右杆的右边搭在右杆上。

（3）抖绳搭到右杆上后向下引，并从空竹的前边经过轴的下方向里引。

（4）左手将抖杆递到右手中。

（5）右手向上将空竹带起并脱出，同时左腿向前上一步，右手将抖绳由下向上甩起。

（6）身体后仰，右腿前伸保持平衡，右手将抖绳后甩套住空竹，身体复原。

二、仰天钓月技术要点

（1）这种招式，是左手绳搭于右抖杆上，这点一定要注意。

（2）右手向上抛起空竹时，应稍向身后带。

（3）空竹脱绳的同时，身体要向前。

（4）要保证仰天时准确地将空竹套住，应具备三个技术条件：一是空竹抛起时，不得偏离身体的中线；二是抖绳不得有绞股现象；三是要保持身体的平衡。

相关链接

空竹的学习方法

抖空竹深受广大中老年人喜爱。空竹价格低廉，易于学练，也不受场地限制。空竹抖起来嗡嗡作响如牛鸣，十分悦耳，同时还能做出很多花样招式，具有很强的技巧性和观赏性，故而不少人乐此不疲。

学习抖空竹，须先从抖双头空竹学起，然后再学抖单头空竹。掌握基本功之后，再增加难度做花样招式。只要肯于钻研，勤练不辍，必有收益。不仅可以做到抖捞自如，而且还可以达到手、眼、身、法、步中规中矩，挑、扔、背、跨、盘身手不凡，成为抖空竹的高手。

第14节 〔〕月老联姻

月老，即月下老人，是专为青年男女联姻牵线的神仙。在本招式中，将抖绳连在左右抖杆上，使杆上的抖绳缠为一体，其技法线路就好比月下老人用红线联姻一般。

〔〕一、月老联姻动作分解

（1）空竹启动加速后垂于身前，左手掌进入绳套中，将绳套撑开。

（2）撑开绳套后，双手外撑，使空竹弹起，下落于抖绳上。

（3）左手提起空竹向上，并从身体左侧将抖绳搭到上边的抖杆上向下引。

（4）左手引绳向下后，左手从左向右带着抖绳将所有的垂直抖绳缠绕在一起，并把绳套的末端挂到下边的抖杆头上。

（5）右手向上将空竹带起脱绳，左手接杆，接住下落的空竹。

〔〕二、月老联姻技术要点

本招式主要有四个技术要点：一弹、二搭、三缠、四挂。

（1）弹，就是先将空竹弹起再落到手撑的绳上。

（2）搭，就是把抖绳搭到杆上。

（3）缠，即左手撑的抖绳围绕上下抖绳缠绕。

（4）挂，就是把绳套末端挂到杆头上。

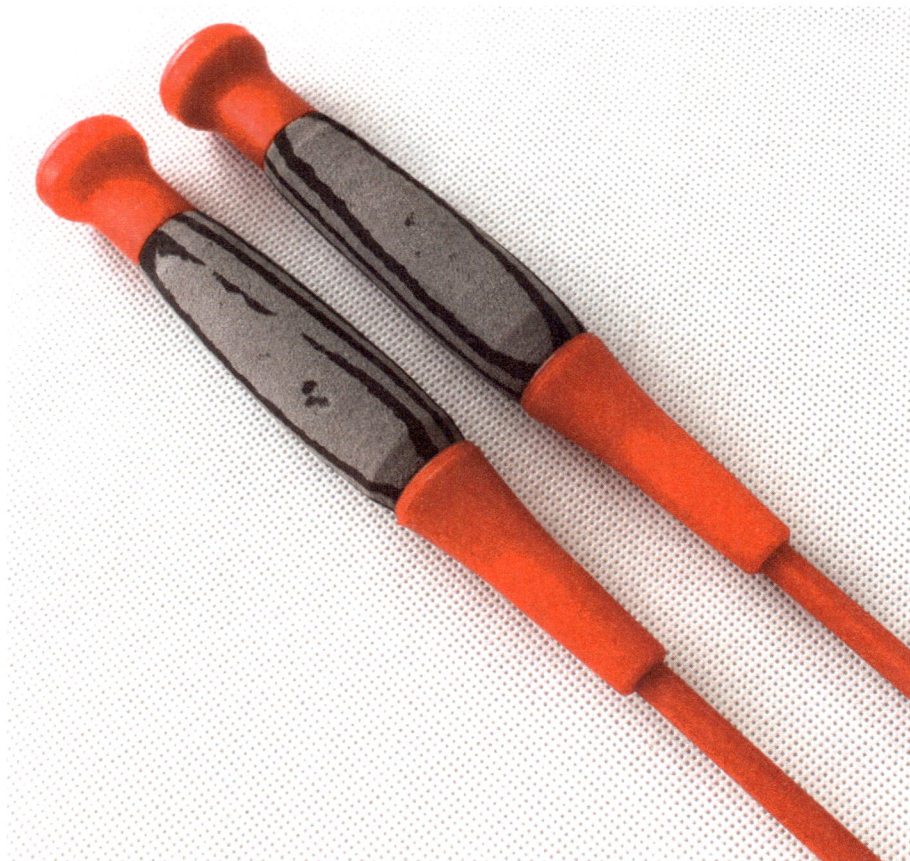

第 15 节 连翻筋斗

在经典神话名著《西游记》中，孙悟空一个筋斗能翻出十万八千里。在戏曲舞台上，一个武生原地可连翻数十个筋斗。在空竹的魔术扣表演中，也有抖杆飞旋、让人目不暇接的时候。本招式充分体现了空竹技艺的精妙和神奇。

一、连翻筋斗动作分解

（1）启动空竹做圆周加速，待空竹旋转到下方时，抖绳上弹，空竹弹起离绳。

（2）左手抖绳迅速地从空竹上边向下挂住空竹，并使空竹从左向右滑走一圆周，使空竹返到身体左侧。

（3）待空竹由左向下到达身前时，右手杆头朝下。

（4）右手松开手柄，右手杆做逆时针方向旋转，同时右手拇指和食指捏住上边的抖绳。

（5）右手提起空竹，右杆继续飞旋，当左杆旋至 1 圈半时，空竹脱绳，这时左手抖绳从空竹的左侧过轴向右将空竹挂住。

（6）左手绳挂住空竹后，从右手绳的里侧通过，右手抖绳在惯性下继续飞旋，并从空竹左边甩到轴上。

（7）右手提着抖绳，待抖绳缠绕在空竹轴上两周后，右手松开所提抖绳，接住飞旋的手柄。

（8）双手向外拉紧抖绳，空竹离绳向上，右杆上举，空竹落于绳上复原。

二、连翻筋斗技术要点

（1）右手第一次提绳时，单根提起，让右杆脱手飞旋、解扣。

（2）待左手抖绳挂轴后，右手所提的抖绳应缠绕在空竹轴上，这时右手提的绳变成了双股，这样右手接杆后，在轴上缠绕的抖绳被解除，为无扣状。

第16节 撞壁生花

在《西游记》中，有个"猪八戒撞天婚"的故事，不过却把猪八戒撞得眼冒金花，十分狼狈。而这一节要介绍的魔术招式也是"撞"，但却是撞壁生花，十分灵巧自然。

一、撞壁生花动作分解

（1）启动空竹加速后，左手上提，使空竹脱绳，右手松杆，用虎口接住空竹，这时左手持杆向上，右杆垂下。

（2）右手回抽后向前送，空竹离开虎口撞到抖绳上；抖绳受到撞击后，按顺时针方向在空竹轴上缠绕2圈。这样抖杆旋转犹如一朵梅花盛开。

（3）抖绳缠轴2圈并且手柄到达上方后，右手抓住手柄。

（4）右手向上提起空竹，左手抖杆挑住抖绳，并顺势摇转2圈。

（5）待空竹转到下方时，左手杆位于空竹上方，杆头朝左。

（6）左手向上，空竹离绳脱出，右杆上举，让空竹落于绳上滑下复原。

二、撞壁生花技术要点

（1）撞绳时，一方面要保证抖绳垂直不动，另一方面右手送出时的力度要平稳，三是手、眼、绳要成一条直线，这样才能撞得准。

（2）抖绳绕轴2圈后，要等到松开的抖杆手柄旋到身体偏右侧时，右手才能轻松地接住手柄。

第17节 ◎ 太公垂钓

《封神演义》中有这样的诗句："闲居渭水垂杆待，只等风云际会缘"。此说的是姜太公在渭水边垂钓的故事。这里的空竹招式，则是将抖杆垂下，后经抖杆飞旋，拨绳旋转空竹的一种魔术扣技法。

◎ 一、太公垂钓动作分解

（1）启动空竹后加速，空竹垂于身前。

（2）左右手分别捏住抖绳上提。

（3）左手杆横于胸前，杆头朝右，右手提绳从左杆外侧将抖绳搭在左杆上，并把右抖杆杆头插进绳套之中。

（4）两手持杆向外撑紧抖绳，抖绳呈"凶"字，将空竹弹起离绳，再下落到"凶"字形抖绳的上边。

（5）双手松开所捏抖绳，并将右手杆头从左杆的两根抖绳中间插入，压着抖绳从空竹的外边向下移，松开手柄下垂，好像垂钩下水一般。

（6）左手带动空竹以逆时针方向从右向左旋起，使搭在左杆上的抖绳滑脱，空竹飞到身体左侧。

（7）空竹到达身体左侧后，经身后绕到身体右侧，再从身体右侧绕回身前，做脱杆飞旋大回环，犹如把鱼钓住出水。

（8）待抖杆手柄旋到上方时，右手迅速接住手柄，这时为无绳扣状。

（9）在右手接住手柄之际，顺势杆头前伸，挑住抖绳，摇转空竹2圈。

（10）右手向上将空竹脱绳，右杆上举，使下落的空竹落于绳上复原。

二、太公垂钓技术要点

（1）在这个招式中，右手杆头分两次插入到绳套中。第一次是为了将抖绳变成"凶"字，为下一次插入打基础。第二次插入是为了将左手绳压住后向下。松开右手杆后，应使杆头朝上挂在空竹轴的左侧。

（2）在做步骤（6）时，第一次带起空竹，不要让挂在左杆上的抖绳滑脱，这次摇转主要是为了提速。

（3）在做大回环时，待空竹到达身前左侧后，左手向右拉动空竹，空竹从左上飞到身前，这时右手去接抖杆为最佳时机。

第18节 ◯◯ 桃园结义

> 世人结交须黄金，黄金不多交不深。谁识桃园三结义，黄金不解结同心这是对刘备、张飞、关羽"不求同年同月同日生，只愿同年同月同日死"的赞美。本节所要介绍的魔术扣技法，是将三根抖绳连在一起，就如同三人结义一般。

◯◯ 一、桃园结义动作分解

（1）启动空竹，待空竹下垂于身前时，右手绳从左杆外搭于左杆之上。

（2）右手引绳向下，走到中间位置时，将右手杆头插入两绳之中。

（3）右手稍上抬，左手向左拉动抖杆，使左绳将右杆上的抖绳连成一结。

（4）右手顺时针方向摇转空竹1圈，使翻起的空竹压在左手抖绳上。

（5）右手向上，空竹离绳脱出，右手杆迎着空竹上举，空竹落于绳上滑下后复原。

◯◯ 二、桃园结义技术要点

（1）本招式先右绳搭左杆，将杆头插入绳套，这时左杆应横在胸前，待右杆插入后再竖起，并将抖绳撑开。左杆抽出，左手绳与左边垂直的绳呈扭结状。

（2）空竹由左向上摇起时，应与左手绳相接触，从上下落后空竹应压在左手绳上。

第 19 节 庞统献计

赤 壁之战，虽有周瑜之策、诸葛之神，但若无庞统献连环之计，则大火无用。本节所要介绍的魔术扣，其抖绳左缠右绕，将所有垂绳环环扣住，便如同庞统的连环计一般，可谓神乎其神！

一、庞统献计动作分解

（1）空竹启动后加速，右手抖绳从左杆的外侧搭住向下，并将右杆头插入两绳之中外撑。

（2）左手抖杆向外抽出，将两绳连接在一起。

（3）右手按顺时针方向摇转空竹一周，当空竹由下翻转到上方时，带着左手绳向右落下，这时右手杆挑住各抖绳。

上面这三步同桃园结义。

（4）调整右手杆头朝前，左手绳从空竹的左侧经轴向右兜住空竹。

（5）左手绳向上，从右手杆的右侧搭到右杆上。

（6）左手杆从左向右，经空竹的外侧到达空竹右侧，将抖绳从空竹的轴下向左穿过，与左杆平，两杆杆头均朝向右方所示。

（7）双手同时向上，空竹离绳脱出。右杆上举，空竹落于绳上复原。

二、庞统献计技术要点

（1）第一次抖绳挂轴，左手绳是从空竹的左侧过轴向上的。

（2）第二次抖绳挂轴，则是从空竹的右侧过轴向上的。

第 20 节 〇〇 元宵观灯

元宵观灯，题辞深邃，法简意浓。表演者采用动作与转身相结合，使观众眼随身转，逐探究竟。

〇〇 一、元宵观灯动作分解

（1）启动空竹后加速，左腿向左前 45 度上一步，右腿后撤至左腿后两腿呈交叉状。同时，右手杆头朝下，挑住左手抖绳。

（2）右手杆挑住空竹，左手拉紧抖绳并逐步向空竹右侧靠近，身体逐步上挺，同时右转。

（3）在转身的过程中，左手抖绳从空竹的右侧过轴兜住空竹。

（4）身体不停右转，右臂逐渐调低至左右杆平行状。

（5）双手同时向上将空竹抛起离绳，右杆上举，接住下落的空竹后复原。

二、元宵观灯技术要点

（1）刚开始时，用右杆挑绳，通过转身用左手抖绳兜住空竹轴，这一线路便是魔术扣的关键。

（2）左绳兜轴时，应保持身体上倾，顺着空竹的抖势自然兜住空竹。

第21节 ⋈ 吐丝做茧

蚕 在即将吐丝时，身体便逐渐体现出老熟的生理特征：胸部、腹部呈透明状，体躯缩短，头胸部昂起，口吐丝缕，开始做茧。本节所要介绍的这种魔术扣，就是将"春蚕吐丝做茧"的动作形象化，用精妙的空竹技巧将其体现出来。

⋈ 一、吐丝做茧动作分解

（1）启动空竹后加速，待空竹下垂后发音轮面对着身体，左手杆头朝向右，右手绳从左手杆的里（外）边搭杆后向下引。

（2）待将右手抖绳引到空竹下方右侧时，抖绳穿过空竹轴向左引。

（3）将右手杆搭在抖绳的右边向下压，空竹向下翻搭到抖绳上。

（4）两手向上提起，空竹离绳向上脱出。

（5）右手杆上举，使空竹落于绳上滑下后复原。

⋈ 二、吐丝做茧技术要点

（1）在做这一动作时，一定要注意空竹从左手杆上下引后，抖绳是从空竹的右侧、下边向左托住的。

（2）空竹向上翻压，一定要翻压到抖绳上。

第22节 ◎ 千手观音

千手观音，全称为"千手千眼观世音菩萨"，是佛教六观音之一。千手表示遍护众生，千眼则表示遍观世间，可解除芸芸众生诸般苦难，广施百般利乐。在2005年中央电视台春节联欢晚会上，中国残疾人艺术团的21位聋哑人演员表演的节目《千手观音》可谓天衣无缝，美轮美奂，感动了全中国的观众。而空竹花样中的千手观音同样精彩。

◎ 一、千手观音动作分解

这个花样也是一个集体性表演项目，一般由10人以上来完成。它由叠罗汉、千手观音和蝶恋花三个部分组合而成。

（1）每个人把各自的空竹启动后，按中间5人、两边各4人的矩阵形式组合成叠罗汉的阵容。

在叠加罗汉时，第一个表演者走到规定的位置后，坐于地面之上，两腿交叉盘于身前。第二个表演者位于第一个表演者身后，两腿呈马步状分开，并且身体稍向下蹲，上身向前探。其余人依次向后。

（2）在叠罗汉动作结束后，把空竹盘稳，第一个表演者盘坐于地上，其余的人员则依次按先中间、后两边的原则进行排列，中间的面向前，两边的朝向外侧，并且均应采取蹲、半蹲、稍蹲、立身这样的身形组合，欲形成前低后高的千手观音阵形。

（3）完成千手观音的造型后，阵形重新调整，这时一人手持呼啦圈立于中央，其他人依次组合，形成一个高、中、低的层次，两边有2个人舞龙助阵，形成一幅蝶恋花的景观。

（4）每个组合结束时，均是中间的人先撤去，坐地或蹲着的人后撤去，空竹不得相互撞碰，抖绳不得相互缠绕。

第 23 节 ◁▷ 开蚌挑珠

珠是一种独具魅力的天然有机宝石，形成于贝类之内。采取时，必须根据贝的结构开蚌，将珍珠采出，这样才不会造成损坏。那么，如何在空竹招式中成功"开蚌挑珠"呢？请大家依照下面的线路招式进行练习吧！

◁▷ 一、开蚌挑珠动作分解

（1）启动空竹后加速，待空竹运转到身体下方时，左右抖绳为分开状，好比将蚌壳打开一般。

（2）右腿屈膝下蹲，左腿撤于右腿后，同时右手抖绳快速地从右向外甩去，并将右手杆头迅速插入右手绳包裹住左手绳的绳套中。

（3）左手拉直抖绳，将抖绳调到两杆中间处。

（4）左手引绳从空竹的轴下通过向右。

（5）身体逐渐立起，左手向上，并把左杆调与右杆平行，双手向上，空竹离绳脱出。

（6）右手杆上举，迎着下落的空竹接住后复原。

◁▷ 二、开蚌挑珠技术要点

这项技法的关键就是右手抖绳外甩后，如何将杆头插入到抖绳之中。在平常练习时，我们可以用左手帮助完成线路走势。

（1）先将右手抖绳外甩搭于右杆上。

（2）用左手牵住外甩的杆头抖绳，并从左手绳的左侧绕过缠住左手抖绳。

（3）最后将左手中的绳套挂到右杆头上即成。

相关链接

非物质遗产——空竹

国家非常重视非物质文化遗产的保护，2006 年 5 月 20 日，抖空竹经国务院批准列入第一批国家级非物质文化遗产名录。2007 年 6 月 5 日，经文化部确定，北京市宣武区的张国良和李连元为该文化遗产项目代表性传承人，并被列入第一批国家级非物质文化遗产项目 226 名代表性传承人名单。

chapter 3

平盘丝花样技巧

空竹分双轴、单轴；轴，轮和轮面用木制成，轮圈用竹制成，竹盒中空，有哨孔，旋转发声，中柱腰细，可缠绳抖动产生旋转。玩的人双手各拿两根两尺长的小竹棍，顶端都系一根长约五尺的棉线绳，绕线轴1圈或2圈，一手提一手送，不断抖动，加速旋转时，铃便发出鸣声。

第 1 节 ∞ 舞鞭护身

九节鞭，运用时左右飞舞，前后飞旋，平摇时雨不落身，立旋时外不见影，具有呼风唤雨之气势，挡箭护体之功效。本节所要介绍的这一平盘丝花样，便犹如长鞭绕身一般，舞起来英姿飒爽，虎虎生风。

∞ 一、舞鞭护身动作分解

（1）启动空竹做平盘丝金鸡引颈加速动作。

（2）将空竹送至左前方后，身体右转，左手向上将空竹拉起，使空竹从身体左侧向上，经背后向右，这时空竹轴朝向身后。

（3）右手横于胸前不动，左手带着空竹由右下向左上，再由左上向下旋转，这时空竹轴朝向右侧。

（4）左手继续带动空竹，在身前逆时针方向旋转一圈，空竹到达身体左前方。

（5）空竹旋转不停，左手带着空竹由左下向右后运行，经身体左侧向前。

（6）这时左手横于胸前不动，右手腕旋着空竹按逆时针方向在身前运转一圈。

（7）身体右扭，右手带着空竹在身前继续旋转一圈至身体右侧，使朝外的空竹轴朝向身体内侧，使空竹从身后到达左侧。

（8）右手臂带着空竹，由左按顺时针方向运转，空竹到达身前后复原。

二、舞鞭护身技术要点

（1）当空竹进入时，是从身后由左向右进去的，所以抖绳一直在身后不动，只有到最后侧位拉出时，才从背后解除。

（2）在做平盘丝动作时，转身一定要到位，不然的话空竹发音轮会变形。

第 2 节 ◙◙ 摇转乾坤

乾为天，坤为地，"乾以易知，坤以简能。"乾坤是中国古代哲人对世界的一种理解，是古人研究天地万物、社会文化、生命健康的依据。本节介绍的招式，即为摇转天地之意。

◙◙ 一、摇转乾坤动作分解

（1）启动空竹做平盘丝，待空竹盘到身体右侧时，调右手抖绳于发音轮处，右腿抬起，左手绳搭于右腿之上，右手摇起空竹，右腿倒进绳套之中。

（2）右手以顺时针方向在体侧摇动空竹3圈，在第3圈即将结束时，身体右转，让空竹从右腿下向左穿过。

（3）右腿上抬，身体向右扭转，右手带动空竹由下向上到达右腿上方。

（4）空竹继续在右手的带动下由上向下过腿到右腿外，这时空竹轴朝向右方。

（5）身体继续右转，空竹继续旋转，并由上向下过腿向外，由上向下。

（6）空竹过腿后继续旋转，待由上向下时，抖绳搭到右手杆上。

（7）右腿抬起让抖绳脱出，右手前拉，空竹到达身前复原。

二、摇转乾坤技术要点

（1）本招式开始进入时，是右腿倒进，右手抖绳在发音轮处。

（2）在体侧摇转空竹时，实际是倒平盘丝的动作。

（3）空竹在腿下来回翻转运行时，都是左右手拉月的动作体现。

相关链接

空竹技法口诀

绕的口诀

向左绕向右绕，空竹中间上下跳。上下跳动幅度小，空竹高度别过腰。绕时杆头要下垂，避免两杆线缠绕。

摆的口诀

要做摆，不能甩，右手拉线作引带。两个杆头要对齐，杆头轴心一条线。空竹左右画弧行，运行之中线松开。

旋的口诀

原名波浪又叫旋，空竹胸前画圆圈。下圈空竹线上走，上圈凌空画弧线。右手推送向左行，到左杆下猛拉线。空竹弹起向右行，从左向右绕半圈。

第3节 鹞子翻滚

在 单项平盘丝动作中，有一种传统的鹞子翻身，不过那个动作是将空竹脱绳后，身体急速右转，再用抖绳接住。在本节这个鹞子翻滚的招式中，空竹是不脱绳而连续性翻转的。这两个动作具有异曲同工之妙。

一、鹞子翻滚动作分解

（1）空竹启动后加速，同时将右手抖绳调至发音轮侧，左手在下、右手在上拉起空竹。

（2）右手向上拉起空竹，身体逐步右转，将空竹拉至左肩上部。

（3）身体继续右转，空竹运行至右肩上部。

（4）身体继续右转，空竹运行至身体前方。这时第一个循环结束。

（5）可再按前边的线路连续不断地做下去。

二、鹞子翻滚技术要点

（1）在做此招式时，主要是转身，每做一个循环刚好是转身一周。

（2）在身后将空竹拉起时，身体要稍后仰，要让空竹在腰间通过。

第4节 ∞ 对酒当歌

❝ 对酒当歌"，取自于曹操的《短歌行》，其中"对酒当歌，人生几何"原意是指人生时间有限，应该有所作为。本节介绍的平盘丝花样，招式犹如文人侠客举杯畅饮一般，潇洒大气，线路行云流水，一气呵成。

∞ 一、对酒当歌动作分解

（1）启动空竹做平盘丝，然后减扣。待空竹到达身体右前方时，右腿抬起进入绳套中。

（2）空竹过腿向左，左手前伸，带起空竹时，左杆压到抖绳上，并绕杆下落至身前。

（3）左手上提，空竹离绳脱出，右手抖杆上举，让空竹落于绳上滑下。

（4）空竹过右腿至左前方，左手带起空竹，并将抖杆前伸压在抖绳上，空竹绕杆下落于身前。

（5）左手杆向上将空竹提起，落到左杆上。

（6）两腿分开呈马步状，上身后仰，左手带着空竹向上，并且形成左手高、空竹低之状，犹如仰首举杯畅饮，又犹如手拿麦克风高歌一般。

（7）身体逐渐立起，同时左手将空竹向前送出至身前。

（8）右腿抬起，右手拉起空竹经右腿下向上至身后。

（9）右手向上挑起，空竹离绳脱出，身体稍右扭，右手杆抖绳从空竹轴的上面向下挂住空竹。

（10）身体右转，右手带着空竹由下向上经身前至右侧上方，右腿抬起，空竹过腿在身前旋转一周后再返回右腿，右腿从绳套中退出。

二、对酒当歌技术要点

（1）本招式是正跨绳进入法。

（2）空竹从右腿由右向左通过后，有两次左杆压绳带起空竹，压绳时应尽量保证空竹端的抖绳短一些，一般应在 25 厘米左右。

（3）"当歌"时，抖绳压着空竹，所以空竹不会顺杆滑下，但右手要向下拉紧抖绳。

第 5 节 ⋈ 涌泉跃鲤

涌泉跃鲤，讲述了汉代姜诗与其妻的孝行。原文是这样描述的："姜诗，事母至孝，妻庞氏，奉姑尤谨。母性好饮江水，妻汲而奉之。母更嗜鱼脍，夫妇作而进之，召邻母共食。舍侧忽有涌泉，味如江水，日跃双鲤，诗取以进母。"诗句"舍侧甘泉出，一朝双鲤鱼。子能知事母，妇更孝于姑"就是对其孝行的赞颂。

⋈ 一、涌泉跃鲤动作分解

（1）启动空竹做捞月动作，使空竹脱出。

（2）右手杆向上，使右手绳从空竹轴的上方向下挂住空竹至身前下方。

（3）右腿、左腿先后跳起，让空竹从两腿下通过至身体左侧，右手上挑，空竹向上脱出。

（4）右手杆抖绳从空竹轴上向下挂住空竹后，右手上拉，左手上挑，身体向上跃起，使空竹从身体左侧下方经身后向上脱出。

（5）身体右转，右手杆向上，使空竹落于绳上滑下后复原。

▷◁ 二、涌泉跃鲤技术要点

（1）第一次挂住空竹后，右腿、左腿应先后跳起，让空竹在腿下通过，动作应协调，否则会绊住抖绳。

（2）第二次从身体左侧挂住空竹后，身体上跃，并且一定要与向右转体的动作相结合，这样空竹就会很容易地从身后脱出。

相关链接

空竹技法口诀

绷的口诀

线上弹跳也叫绷，动作要领要记清。一手低来一手高，上手拉线下手撑。空竹弹起拉直线，待它落下再放松。

抄的口诀

风摆荷叶叫正抄，动作要领应记牢。空竹弹起手后撤，待它落下向前绕。绕到下面接空竹，拉直抖线最重要。空竹弹起手后撤，绕到外面向里抄。杆头对准空竹轴，拉直抖线最重要。抄住空竹手交叉，一手低来一手高。低手杆头向上挑，空竹跃起向上飘。双手复原拉直线，空竹落线鸟归巢。

抛的口诀

练扔高也叫抛，双肘外翻杆尾翘。杆头用力向上挑，空竹离线向上飘。双手垂直分上下，上手杆头把轴找。

第6节 走马飞鹰

走马飞鹰原意为骑着马、带着鹰前去打猎。在本节所要介绍的这个招式中，空竹从身后左侧运行到身体右侧，突然急转直下又猛然返回，犹如飞鹰抓兔一般。

一、走马飞鹰动作分解

（1）空竹启动后做平盘丝。

（2）用力将空竹向前送，左腿抬起，右脚为支点向右扭转，左腿跨入绳套中。

（3）左腿落地，右手拉起空竹，随向右转体至身体右侧。

（4）右手向下拉动空竹，空竹从抬起左腿的右侧过腿向左。

（5）左手拉动空竹，在左腿外盘旋一周，左手杆横于身后，身体向上跃起，空竹从左腿下至体后右侧。

（6）身体向左扭转，右手带着空竹由身体右侧旋转至身体前方，过裆向后，右手前拉，使空竹按原路返回身后。

（7）左手杆头向下，空竹从身后过裆向前，身体向右转动，空竹在右手的带动下至右前方，这时空竹轴尖朝前。

（8）身体右转，右手带动空竹由下向上，在身体右侧运转一周后至身体前方。

（9）左腿抬起，空竹过腿至左前方，左杆前伸压住抖绳，随身体转动将抖绳从杆上甩下，同时身体向上跃起，从绳套中退出。

二、走马飞鹰技术要点

（1）在操作时，空竹不论是从左右腿的哪边穿过，均是运用相应的手进行拉动，用力要均匀。

（2）空竹过裆后，抖绳受限，所以空竹必须原路返回。这时一定要在空竹过裆后、由高向低回落时进行前拉返回。

（3）抖杆压绳有两种目的：一是让空竹绕杆下落；二是挑住空竹任意摇转来改变空竹的位置。

第7节 ⋈ 跨马越山

在 本节介绍的花样技巧中，空竹从身前脱出后从肩上飞到身后，如跨马飞越一般，可谓技巧精湛，手法非凡。

⋈ 一、跨马越山动作分解

（1）启动空竹后加速，并向前送出。身体逐渐右转，左腿抬起进入绳套之中。

（2）右手拉动空竹在身前运转一周，随身体右转至右侧后，过左腿于左侧。

（3）左手带动空竹向下，身体向上跃起，空竹过腿至身体右上方。

（4）右手拉动空竹在身体右侧运转一周后，先后过右、左腿至身体左侧，左杆前伸压住抖绳，空竹翻起。

（5）左杆挑着抖绳摇转空竹一周后，将空竹翻至身体左侧，空竹从左腿下通过。

（6）右手拉起空竹，待空竹下落时，左腿抬起，让空竹从左腿下通过至左上方。

（7）身体右转不停，左手杆头朝向身体后方，空竹沿绳下滑，并从裆下穿过向前。

（8）右手绳上拉，空竹脱绳，并从右肩上飞过向后，左手举杆相迎，用左杆抖绳挡住空竹，空竹从顶绳下滑，过裆向前。

（9）右手向上拉起空竹，并在身体右侧运转一周至身前下方，这时左腿抬起，让空竹从左腿下通过，左杆挡住抖绳，空竹翻起。

（10）左手向外将空竹甩出，空竹再次从身后过左腿向前，这时左腿退出绳套后结束。

∞ 二、跨马越山技术要点

（1）在本招式的步骤（8）中，当空竹由下向上脱出时，右手绳要向上拉而不是挑，这样空竹才能运转平稳。

（2）空竹脱出，应从右肩上通过，这时左手绳应主动地去迎空竹而不是等空竹落到绳上。

第8节 ∞ 驰马舞锤

在本节所要介绍的这一招式中，玩家以空竹为锤，左右手带动空竹左旋右翻，上下飞舞，就好比驰马舞锤一般，令人眼花缭乱，目不暇接。

∞ 一、驰马舞锤动作分解

（1）启动空竹后向左前方送出，左手杆低下，右腿抬起进入绳套之中，空竹过腿至身体右侧。

（2）右手杆前伸，压住抖绳，空竹向上翻起；右脚落地，空竹绕杆下落。

（3）身体右转，右手逆时针方向将空竹从杆上翻起，并于身体右侧下落，右腿抬起，让空竹通过右腿向左。

（4）待空竹到达左端后，左手上拉，左杆前伸，并带着空竹压到抖绳上翻起。

（5）左杆离开抖绳，空竹向右运行，右腿重新抬起，空竹随身体右转过腿后向上翻起。

（6）右腿向右后方摆动，空竹从右腿左边过腿至身后，左手向上拉起空竹。

（7）当空竹自上而下时，右腿抬起，右手拉动空竹再次过腿到右侧，拉起。

（8）右手继续拉起空竹，身体右转，空竹从身体右侧过腿至身前翻起。

（9）空竹由身前下落至身体右侧时，右手杆横于身后，左腿抬起，空竹从左腿下通过至身后。

（10）身体右转，左手拉起空竹，空竹从左腿下通过至身前翻起，左手带动空竹在体侧旋转一周后，到达右腿下方，右腿出绳套复原。

二、驰马舞锤技术要点

（1）本招式是一个沿绳动作，均是过腿拉起空竹或是用抖杆压绳将空竹翻起，所以转身角度一定要和空竹同步。

（2）空竹在抖绳上一定要走满，不要光在绳的中间运行，要大气舒展。

（3）摇转空竹时，不是用臂力，而是用腕力。

第9节 ◍ 愚公移山

> "愚公移山"的典故出自《列子·汤问》，说的是愚公家门前有两座大山挡着路，他决心把山平掉。另一个"聪明"的智叟笑他太傻，认为不能。愚公说："我死了有儿子，儿子死了还有孙子，子子孙孙无穷无尽的，两座山终究会凿平。"后感动天帝，天帝命大力神的两个儿子搬走两座山。

◍ 一、愚公移山动作分解

（1）空竹启动后，先向前送，然后回拉，左腿抬起，身体右转，随势进入绳套中。

（2）右手将空竹拉起，并从身前落至身体右前方。

（3）身体右转不停，右手拉起空竹，左腿抬起，让空竹从腿下穿过。

（4）空竹由右向左通过左腿后，由后向前翻起落下，这时空竹为无扣状，左手向上将空竹提起，空竹脱绳而出。

（5）左手绳从空竹的上方向下挂住空竹，随着空竹的下落，带着空竹由身后左边到达身体右下方，右手杆在头部上方。

（6）左手向上将空竹挑出，空竹脱绳后从身前右侧向左飞去，这时右手绳从空竹轴左侧迎接住空竹，这时空竹轴是朝前的。

（7）左手杆高举，右手由下向上拉起空竹至身体右侧下方，从身后向左上挑出空竹。

（8）左手绳从空竹上方向下挂住空竹，右手杆高举，左手带着空竹从身后到达身体右后下方。

（9）左手杆上挑，空竹脱绳从身体右侧到达身前左方，右手绳再次迎接住空竹，但这次空竹轴是朝向身体的。

（10）右手向上将空竹拉起，同时身体右转，左腿抬起，空竹从左腿下穿过。

（11）空竹过腿后翻起落下，这时两腿上跳，从绳套中退出，右手拉起复原。

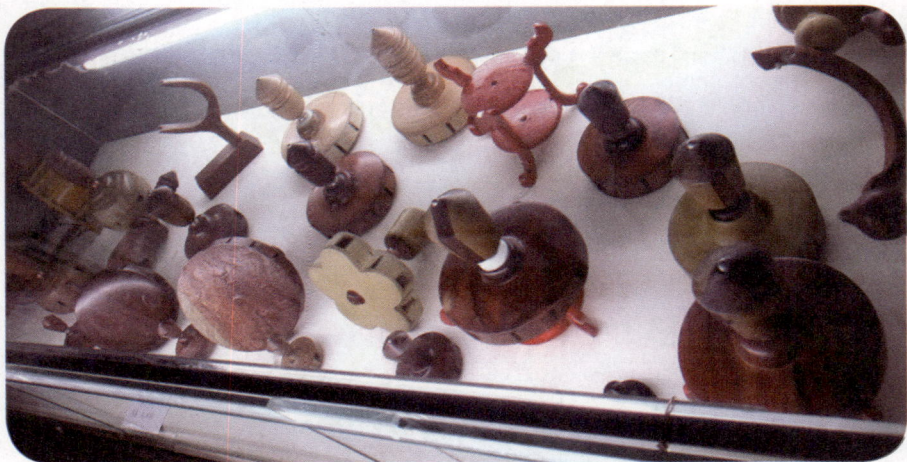

二、愚公移山技术要点

（1）本招式是一个左右背挑的变异动作，接空竹时均是让其落到绳上，由下向上拉起，所以必须掌握背挑与拉月的关键技巧。

（2）注意步骤（9）中接住空竹时，空竹轴是朝向身体的。

第 **10** 节 三气周瑜

      "三气周瑜"是《三国演义》中的故事。第一气，是周瑜与诸葛亮商议夺南郡之事，结果周瑜损兵折将，诸葛亮却乘机夺取了南郡等地。

    第二气，是刘备东吴招亲，周瑜用计，但刘备却按诸葛亮的妙计行事，平安返回，这就是"赔了夫人又折兵"这一典故的由来。

    第三气，是周瑜想用"假途灭虢"之计夺取荆州，却被诸葛亮识破，使得周瑜被围，周瑜气急又加旧伤复发，不治身亡。

一、三气周瑜动作分解

（1）空竹启动后将其向前送出，在回拉时左腿抬起，进入绳套之中。

（2）右手将空竹拉起随同身体右转，空竹在身体右侧下落时，左腿抬起让空竹从右向左通过。

（3）空竹通过左腿后，由后向前翻转下行，随同向右转体，左腿再次抬起使空竹穿过向前。

（4）右手领着空竹，在身体前下方由左向右，随转体到达身体右上方，这时轴尖朝前。

（5）随转体空竹向下行，左腿抬起，空竹过腿到左侧上方，这时轴尖朝后。

（6）空竹随势下行，左腿再次抬起让空竹从左向右通过，翻挂于右杆上。

（7）右手向上翻起，将空竹甩脱解扣，空竹从抬起的左腿下通过向左运行。

（8）左手绳上挑，空竹脱绳向右，右手拉紧抖绳，让空竹落于绳上。

（9）身体右转，右手向上拉起空竹于右前方，然后抽冠，斧使抖绳搭于右手臂上。

（10）右手提起向上，空竹脱出向右上方，身体同时右转，右手绳从空竹上方向下挂住空竹，空竹从左腿下通过到达左侧。

（11）左腿抬起，空竹从右上向下过腿向左，身体向上跃起，右腿从绳套中退出，空竹到达身体右下方。

（12）右手向上拉起空竹，空竹从身后到达左上方，随即翻挂于左杆上。

（13）左手向上将空竹脱出，右手绳从上向下挂住空竹，并从身后向左，身体右转，将空竹从身后拉向前。

二、三气周瑜技术要点

（1）本招式为间接脱绳，前后共有三次脱绳，每次都不相同。第一次脱绳是左手绳稍向上挑，空竹脱绳向右；第二次脱绳是右手杆向上，空竹脱出；第三次是左手杆向上空竹脱出。后两次因为空竹翻挂在杆上，所以是向上带起脱出，但应稍向反方向一点。

（2）空竹向上拉起时均应是在无扣状态下。

（3）空竹从左腿下通过向左时，左手应向前引，这样空竹可由后向前翻转。

第 11 节 〔◎〕 邯郸学步

邯郸学步出自《庄子·秋水》："且子独不闻夫寿陵余子之学行于。邯郸与？未得国能，又失其故行矣，直匍匐而归耳。"比喻一味模仿别人，不仅没学到本事，反把原来自己会的东西给忘了。

〔◎〕 一、邯郸学步动作分解

（1）启动空竹后做大鹏展翅动作，待空竹到达身体左侧时，左手带动空竹向下，左腿后跨进入绳套之中。

（2）左手上提，将空竹脱出，左手绳向前拉直，让空竹落于绳上。

（3）右手向上提起，空竹脱出到胸前，右手绳从空竹上边向下挂住空竹下行，并从身体右后方运行至左上方。

（4）左手带着空竹由上向下运行，过左腿至身体左前方。

（5）身体右转，左手领着空竹在体前旋转一周后至体后。

（6）旋转左手杆，空竹从身后过裆向前，并由下向上旋起至身后；空竹由上向下回旋，右腿前伸抬起，空竹在身体右侧旋转一周再回到身体右侧。

（7）身体随势右转，右手带着空竹至身体右侧。

（8）空竹运转不停，右手拉起空竹由后向前，由前过裆向后，左杆前引，空竹翻挂于左杆上。

（9）身体右转，左手腕带着空竹在体前旋转一周后下落到左后侧，左腿退出绳套。

二、邯郸学步技术要点

（1）这个招式开始时可采用大鹏展翅，也可采用捞月法进入。

（2）开始时，左腿后跨进入绳套，这时空竹必须是垂下后才能进入。

（3）左手带着空竹在体前旋转时，应使空竹在左手杆处。

第 12 节 ∞ 罗成夺魁

在长篇小说《说唐》第四十回中，有段罗成力抢状元魁的故事。说的是靠山王杨林定出"扬州打擂抢状元"的诡计。秦叔宝在与金德明大战中受伤，罗成挺枪来战，"刷"的一声，刺金德明于马下，夺得状元魁首。

∞ 一、罗成夺魁动作分解

（1）启动空竹做平盘丝，当空竹由右上向下回落时，右腿抬起进入绳套之中，右手旋转抖杆，空竹在身前盘旋一周后过右腿向上。

（2）空竹在右腿盘旋一周后至右前方，身体右转，左杆向上至头顶，空竹旋起到身后，左腿高抬，空竹运行至身体左侧前方。

（3）左杆拉起并移至头部，空竹从左侧经身后到身体右侧，左手杆向下，空竹在身前旋起向左下落，让空竹翻挂于左杆上。

（4）身体右转，右手将抖绳挑起甩出，空竹在身前旋起后至右下方，并从裆下穿过向前脱出。

（5）左手杆向右打开，迎接住空竹，空竹从身后过裆向前。

（6）身体右转，调空竹于身体右边，右手绳稍上挑，空竹离绳向左，左手绳打开迎接住空竹，左杆向下，空竹翻起回落，从身体后方穿裆向前。

（7）左手绳将空竹拉起，在身前盘旋后重新过裆向前，空竹下落到身前穿裆向后。

（8）身体右转，左手杆带起空竹，在身前、身后各运行一周后至左侧上方。

（9）身体右转，空竹下落时从左腿下通过，右手向上拉起，再由前向后从左腿下通过。

（10）空竹过腿向前，身体右转，两腿向上跃起，右手向上将空竹拉起至右上方。

（11）左手拉动空竹从身后向左，左手带着空竹在体前旋转。

（12）右手拉动空竹，空竹从身后向左回落，左手拉动使空竹从侧位拉出。

二、罗成夺魁技术要点

（1）本招式采用盘丝进入法，也就是待空竹盘到右下方时，右腿抬起进入。

（2）进入后，以身体的转动引导空竹变位。一般是向右转身，带动空竹做轴向变化。如开始进入时，轴尖朝内，向右转体拉起时，轴尖朝外，然后再转，轴尖又朝内。

（3）在本招式中，空竹脱出后应自由落于绳上，而不能由上向下挂住空竹。

第13节 〖∞〗 子胥过关

伍子胥是楚国世子太师伍奢之子，因楚平王听信无极谗言，将其父兄杀害。子胥带着太子之子胜欲过昭关，但关口盘查甚严，后几经周折才得以过关。

〖∞〗 一、子胥过关动作分解

（1）启动空竹做金鸡引颈，右手回拉，抖杆向上过顶，将空竹拉起至身后。

（2）空竹垂下向前时，左腿抬起进入绳套。

（3）右腿抬起，右手在后，左手向上弹起空竹，左手杆头朝下，迎接住空竹。

（4）身体向后稍撤，右手向后拉动，空竹沿绳到身后，右手上挑，空竹脱绳向前落于左手绳上。

（5）身体左扭，左腿高抬，左手向上将空竹脱出，随即左手向下挂住空竹，空竹从抬起的右腿下通过向右。

（6）空竹过右腿后，右手绳杆挑起抖绳并摇转一周，空竹向下过右腿向左，左手杆前伸压住抖绳，空竹翻起。

（7）左手摇转空竹向前，空竹呈无扣状。

（8）空竹由上向下时，身体上跃，右腿从绳套中退出，右手向上将空竹拉起。

（9）空竹从身体右后方到达左后方，右手过顶侧位拉出空竹后复原。

二、子胥过关技术要点

（1）空竹从两腿下弹起，应右、左腿向右横摆，同时将抖绳下压。

（2）做步骤（6）时，空竹过右腿后，应先将右杆绕过抖绳，再将抖杆挑住抖绳摇转。

第14节 ⋈ 金蟾跳岸

传说中，三条腿的蛤蟆被称为蟾，它能吐金钱，是旺财之物，也被叫做三足金蟾。金蟾有招财进宝、镇宅、驱邪、旺财的寓意。所以古有"家有金蟾，财运绵绵"的说法。本节所要介绍的金蟾跳岸，是使空竹从一条抖绳跳到另一条抖绳上的一种平盘丝花样。

⋈ 一、金蟾跳岸动作分解

（1）启动空竹并向前送出，右手回拉，左腿抬起进入。

（2）右手上拉空竹时，身体右转，空竹过左腿向前，从左腿左边过腿到右前方。右手再次拉起空竹向下，空竹从左腿右边过腿向前。

（3）左手杆上举过顶，空竹从身后过裆向前，这时左手在右，右手在左，呈交错状。

（4）右手向上提起空竹，空竹脱绳过右肩落于左手绳上。这个动作可连续做两三个。

（5）空竹沿绳从身后过裆向前，右手向上拉起空竹，同时身体右转，空竹回落到右前方，轴尖朝前。

（6）右手向上拉起空竹，空竹脱绳向左并落到左手绳上。

（7）左手顺时针方向向上拉起空竹，使空竹从身后穿裆向前。

（8）右手将空竹拉起，伴随身体右转抖绳翻挂于右手臂上，右手带着空竹逆时针方向摇转一周至身前。

（9）右手带着空竹向后摇，再原路返回，右手杆向前甩出将抖绳脱下。

（10）左手绳向前绷紧，让空竹落于绳上，身体左转，左手过顶带着空竹至身后。

（11）左手杆从左侧落下，空竹从身后穿裆向前，左手拉动，空竹从右边过左腿后向右弹出，右手绳从上向下挂住空竹。

（12）右手带着空竹伴随身体右转到达身体前方，从左腿通过向左，绳扣打开，左腿从绳套中退出。

二、金蟾跳岸技术要点

（1）在做步骤（4）时，右手上提，左手要主动去挂接空竹。

（2）在做步骤（6）时，右手腕应顺时针方向扭转，将绳拉紧，不要过分上提，空竹飞向左边。

（3）步骤（9）中的脱绳，不是直接脱出，而是右手向下退绳解扣。

第15节 萧史乘龙

"萧史乘龙"是《东周列国志》中的一个故事。萧史，本为华山之神，吹一支赤玉箫，后被秦穆公访查，与穆公之女弄玉成亲。后萧史乘龙、弄玉跨凤而飞天际。本招式中，空竹在腿下来回蹿跃，便犹如乘龙一般。

一、萧史乘龙动作分解

（1）空竹启动后向前送出，右小臂弯曲向内，拉动空竹至身后。

（2）身体右转，做大鹏展翅一循环。空竹到达右前上方时，右手逆时针方向摇转空竹，空竹由后向前回落，这时左腿跨入绳套中。

（3）左腿进入后，空竹在身前旋转一周，右拉带动空竹由左过顶。

（4）空竹回落到身后，过右腿向前。

（5）空竹在身前翻起，随身体右转过右腿向后，右手向上拉起，随身体左转，空竹从右腿下向前。

（6）空竹于身前翻起落下时，身体右转，空竹从身后至左前方。

（7）左手回拉空竹，空竹从身后向右，并从身前右上翻起向左下回落。

（8）右手杆向上拉起空竹，空竹从裆下通过到右前方，右手向上一带起空竹从身后至左上方。

（9）身体右转，右手下落，空竹由上向下，左腿抬起，从绳套中退出。

（10）右手回拉，并将右手臂移至身后，空竹从身后至左侧搭于左杆之，下左手向上提起空竹，空竹脱绳向上，右手绳从上向下挂住空竹，并从身后至左上方，身体右转，右手拉动，空竹回到身前。

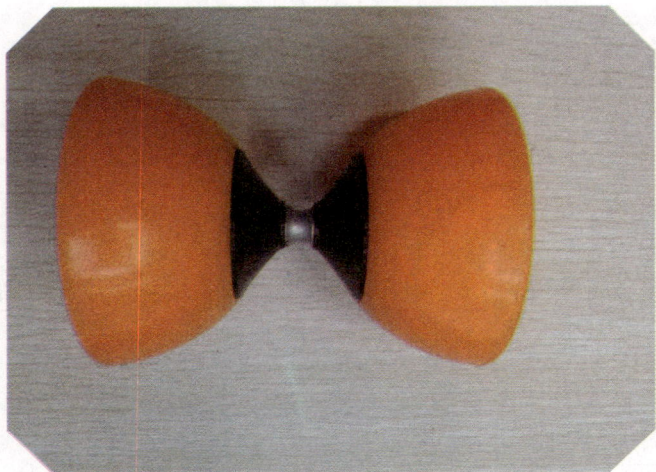

二、萧史乘龙技术要点

（1）该招式为沿绳动作，所以一定要注意转身角度。

（2）开始时，先做大鹏展翅，后才左腿进入。

（3）在本招式中，有几个动作空竹是在身前旋转，且都是在右杆的里侧，所以右杆应向外。

（4）空竹过腿后由下向上，这时应巧借转身用腿将抖绳甩起，以达到空竹翻起的目的。

第 16 节 ▷◁ 檀溪跃马

檀溪跃马，说的是刘备同刘表叙话，刘备失言。后蔡瑁设计邀刘备到襄阳赴宴，通风与刘备，刘备骑的卢撞西门而逃。但前有大溪，后有追兵，在紧急之下的卢涌身而起，一跃三丈飞上西岸。本节所介绍的平盘丝花样，穿插了多种腿下技巧，便犹如的卢扬蹄急奔，飞驰跳跃一般，叹为观止。

▷◁ 一、檀溪跃马动作分解

（1）启动空竹后将空竹向前送出，右手回拉时，抬右腿进入绳套之中。

（2）身体右转，右手拉起空竹在身前旋转一周后到达右下方，右腿抬起，空竹从体后过腿向身前上方。

（3）右手向后，左手向上，空竹沿绳过裆后，右手向上提起，空竹脱绳从身体右后侧飞向身前。

（4）右手杆向前，由上向下挂住空竹，右腿屈膝提起，进入绳套中，空竹过腿向后，右手拉起。

（5）右手随转体向下，空竹下垂，待转体90度后，右手向上拉起空竹，空竹从身后过腿脱出。

（6）左手杆从上向下挂住空竹，空竹沿绳向下并蹿至身后，右手上领，空竹从身后到身前旋转一周向下。

（7）右腿稍抬，空竹从身前过裆向后，右手向上拉起空竹，伴随身体左转，右腿退出绳套。

（8）右手向上拉起空竹至身体右上方，右手杆向下，空竹沿绳过裆向前，左手上挑，空竹脱出。

（9）右手绳从上向下挂住空竹，随身体右转270度后，右手向上拉起空竹。

（10）右腿抬起随身体右转，空竹从右腿下通过向前，右腿落地向右转，左腿抬起退出绳套。

（11）右手向上拉起空竹，伴随向右转体，左手拉起空竹至身前。

二、檀溪跃马技术要点

在本招式中，空竹有三次脱出，形成了前后、左右、腿下等纵横交叉的脱绳动作。空竹脱绳时，往往有方向的要求，具体条件如下：

（1）空竹垂直向上：空竹必须垂于下方，两手向外拉直抖绳。

（2）空竹向左右（或前后）：空竹在抖绳上应为斜向。如空竹在左手绳上，应使空竹脱绳向右，左手绳则应为斜向，并且左手手腕应逆时针方向向上拉。

chapter 4

少年空竹苑

　　最近二十年来，随着表演抖空竹演员的更新，他们又创造出不少技巧更全面、形象更优美、文化品位更高的空竹节目。仅以春节为主题，就创造出许多不同意境不同格调的抖空竹来。

第1节 ∞ 双杆抄月

双杆抄月，使双手抖杆形成交叉状，把空竹夹在左右杆的交叉处，解去空竹。

∞ 一、双杆抄月动作分解

（1）启动空竹做立盘丝，身体连续向左旋转，右手绳调至发音轮侧，右手杆头朝上，左手杆平放，杆头顶住空竹轴。

（2）左手将杆头调至空竹轴的右侧，并使空竹在胸前，右手绳逐步移至空竹左侧，右手杆与左手杆形成交叉状，双臂向前撑紧抖绳，使空竹在两杆交叉的上方运行。

（3）身体随着空竹旋转2圈后，右手向左将右杆移去，左手杆带着空竹旋转。

（4）右手杆过顶向右，抖绳绕于背后，左手杆头还顶着空竹，抖绳从脖子上绕过。

（5）左手领着空竹从左边过顶向右，空竹随抖绳从脖子上退下并从身前向左，呈单展翅状。

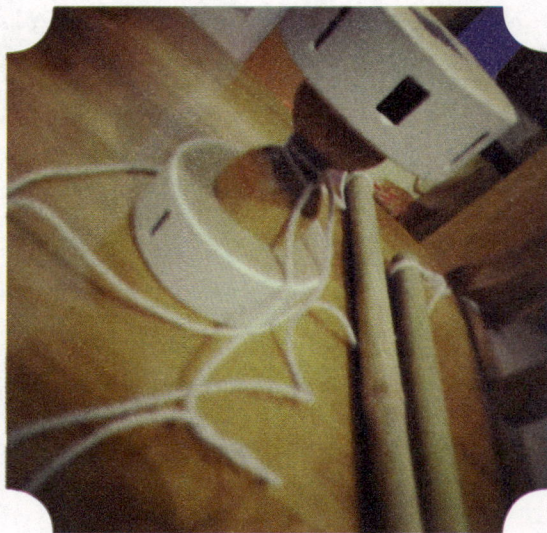

（6）左手杆向后，空竹随着到达身后，右手杆拉起空竹做云天雾地。

（7）空竹下落到身体右侧时，做鲸鱼摆尾，使空竹到达身体左侧。

（8）左手向上将空竹带起脱出，右手绳从空竹右侧套住空竹后复原。

二、双杆抄月技术要点

（1）在左手杆头顶住空竹轴时，一定要让杆头在轴的右侧，保证空竹不变形。

（2）右手与左抖杆相交时，一定要将抖绳撑紧，不能松。

相关链接

空竹技法口诀

系抖线

线端打死结，然后绕一圈。把扣留在线外面，把圈向回折。拉出中间线，随手收紧扣。把套套在杆顶端。顺手拉紧线，抖线已系完。

线的长短

抖空竹用棉线，平展双臂量长短。左虎口到右虎口，两杆悬在虎口边。

起动空竹

用左手握双杆，两个杆头要分开。右手五指抓空竹，手心朝上套抖线。手腕用力向左拧，右手接杆抖不停。

打鼓

抖空竹别着急，右手用力向上提。左手辅助别用力，两个杆头要对齐。杆头相错有距离，空竹容易一头低。

第 2 节 ∞ 浪子回头

在张恨水的《八十一梦·第32梦》中有这样一句话："有道是浪子回头金不换。"意思是指不走正道的人改邪归正后极其可贵。本节介绍的这个招式，则是指空竹走到左边后又原路返回这样一种技法。

∞ 一、浪子回头动作分解

（1）空竹启动后做立盘丝，当把空竹盘到身体左侧时，左手杆向右，并带着空竹过顶向右后方。

（2）身体逐渐向下呈右弓步，右手杆横于身后，左手带空竹由右后到左后。

（3）右手杆在身后不动，左手带着空竹由左向右平摆过去，这时右手绳从左臂上通过。

（4）当空竹走到右边尽头时，身体上抬并向左扭转，左手向左回摆，空竹到达左前方。

（5）身体左转不停，两杆朝后，空竹随转体在身后运转。

（6）右手带着空竹做云天雾地。

（7）当空竹到达右下方时，右腿、左腿分别抬起让过空竹。

（8）空竹到达身体左后方时，左手过顶将空竹从身后拉出后复原。

∞ 二、浪子回头技术要点

（1）在这个招式中，空竹的运行方向有两个突然的转变。一个是开始盘空竹到左侧时，左手带空竹向右。二是左手将空竹摆到最右边后又返回，这时左臂应平伸，不得低下，更不能使抖绳与发音轮相擦，否则会导致空竹变形。

（2）用力要均衡，不要甩力。

第3节 放线遛鱼

人们在钓到大鱼后，一般不会直接起杆，因为这时鱼在水里会奋力挣扎，容易脱钩逃脱。所以钓鱼人要始终牵牢鱼杆，边遛边将鱼拖至岸边，不断损耗它的体力以备抄鱼上岸，这个过程被称为遛鱼。在遛鱼时，有"8"字遛鱼、撩逗遛鱼和长线遛鱼等方法。空竹招式中是如何放线遛鱼的呢？请看具体动作分解。

一、放线遛鱼动作分解

（1）启动空竹做立盘丝，当空竹盘起转速升高后，左手向左拉直抖绳，右手杆头顶到空竹轴上。

（2）身体左转，右手放开抖杆，空竹定位在右杆杆头进行旋转。

（3）左手腕向后扭，抖绳绕到脖子后向右。

（4）空竹运行到右侧身前时，左手高举，空竹带抖绳从左臂下通过到身后。

（5）身体左转不停，右手接住空竹前边的抖绳，左手松开左杆，去接原先松开的右手杆。

（6）左手接杆后右手松开抖绳，左手用力拉动抖绳，空竹顺绳向松开的杆头溜去。

（7）空竹到达杆头运转平稳后，右手接杆，左手顺绳向左捏住抖绳，双手过顶于肩膀上。

（8）待空竹运行到身体右前方时，右手食指勾住抖绳，左手松开抖绳，去接另一抖杆。

（9）右手松开抖绳，空竹至身前复原。

二、放线遛鱼技术要点

（1）此招式是一个沿绳动作，用杆顶轴，不得使空竹变形。

（2）在做步骤（6）时，用力要稳，否则空竹易离绳滑脱。

（3）在转身的过程中完成变换动作，如搭肩、捏绳等，要顺势，不要勉强。

第4节 🎗 凿壁偷光

晋 代葛洪在《西京杂记》卷二中写道:"匡衡,字稚圭,勤学而无烛,邻舍有烛而不逮,衡乃穿壁引其光,以光映书而读之。"后用这一词语形容人学习刻苦勤奋。本节所介绍的这一招式中,抬腿套取空竹,便如偷光一般。

🎗 一、凿壁偷光动作分解

（1）启动空竹做立盘丝,调右手绳于发音轮侧过顶到身体右前方。

（2）身体左转,空竹到达身体右侧时,右手向上将空竹脱出,左手绳从空竹的右侧套住空竹。

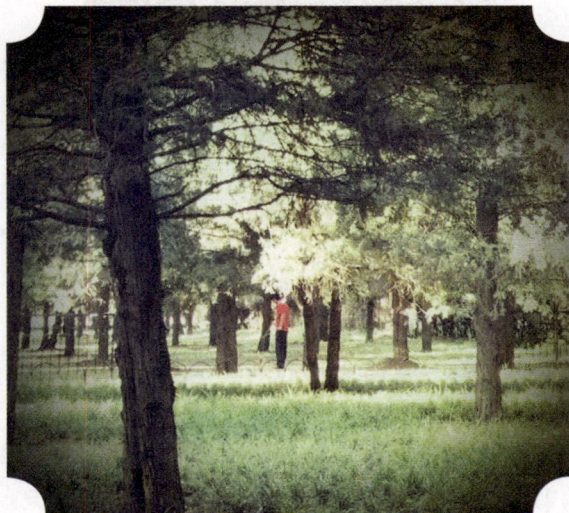

（3）身体左转不停，左手向左甩动，空竹运行到身体左侧，经体后到达右侧前方，这时抖绳呈平面"U"字。

（4）右腿抬起，右手从右腿下向上将空竹挑出。

（5）右腿落地，左腿抬起，左手于左腿下套住空竹。

（6）左手向后带动空竹，空竹经身后至右侧体前，左手绳从体后过顶向前复原。

二、凿壁偷光技术要点

本技法的要领是"偷光"。

（1）当右腿抬起，右手向上将空竹脱出后，随即左腿抬起，这时左手杆应于左腿抬起时插入到左腿下。

（2）同时，杆与绳应形成一个套，使空竹下落于套内。

相关链接

空竹技法口诀

调整空竹倾斜的办法

空竹倾斜不用怕，调整平衡有办法。调整一定用右手，专向高处把线压。前轮高时向前推，后轮高时向后压。

空竹加速

上扣抖要沉住气，右手用力向上提。空竹拉起线微松，自然落下再拉起。空竹上下像拍球，球一落地又弹起。拉起松线再落下，周而复始多练习。

调整空竹方向的方法

双轮空竹最关键，空竹方向不能变。一旦空竹方向转，调整全靠右手线。欲要右转压前轮，若压后轮向左转。

调整空竹方向的原理

用线压轮为减速，制造两轮转速差。此轮受阻速度减，彼轮原速无变化。一快一慢方向变，方向调整全靠它。

第5节 ∞ 腾蛟飞凤

原词为"腾蛟起凤",出自唐代王勃的《滕王阁序》:"腾蛟起凤,孟学士之词宗。"在本节所介绍的这一招式中,抖空竹者双腿跃起,身体骤然向上,空竹随即飞出,便犹如蛟龙腾跃、凤凰起舞一般,故得此名。

∞ 一、腾蛟飞凤动作分解

（1）启动空竹后做立盘丝并加速。

（2）身体左转,左腿抬起,准备从绳套中跳过。

（3）右腿随势跃起,左右腿跨过绳套。

（4）两腿落地后,左手向上提起空竹脱出。

（5）右手绳拉直,并从右侧套住空竹。

∞ 二、腾蛟飞凤技术要点

（1）两腿上跃时,应蹬地而起。

（2）双腿跨过后,左手向上带起空竹脱出,注意动作的连贯性。

第6节 ∞ 隔墙抛珠

王铎是明末清初著名的书法家。有一次，他在街上看到一名妇人烙油馍，烙熟后她连看都不看，便将油馍挑起翻过一堵短墙，墙这边的油馍被摞了整整齐齐的一摞。王铎站在那里看傻了眼，跑去问那妇人怎么能把油馍隔墙摞得那么整齐。那妇人说："手熟功夫到，烙馍自己摞。"王铎听后顿悟，从此不断用功，终成一代书法家。

∞ 一、隔墙抛珠动作分解

（1）空竹启动后加速。当空竹盘到身体右前下方时，右手在上，左手在下，形成交叉状。

（2）左腿向上抬起，身体左转，让空竹从腿下通过到身后。

（3）身体左转不停，右手杆移至左肩上，左腿落地，空竹随转身到达身体右侧。

（4）右腿抬起让过空竹，空竹运转至身前。

（5）两腿稍分开，左手带着空竹过裆向后，右手向下拉动抖绳，空竹从身后脱出向前。

（6）左手杆在裆下，右手抖绳从空竹轴的右侧向左套住空竹。

（7）左手杆在裆下不动，右手抖绳套住空竹后向左摆去，空竹运转到身体左后侧。

（8）左手杆在裆下不动，右手过顶到身前，空竹运转到身体右侧，右腿抬起，并从绳套中退出，恢复立盘丝。

二、隔墙抛珠技术要点

（1）步骤（3）中的一系列动作讲究连贯自然，应勤加练习。

（2）抬起右腿后，空竹通过，左手带空竹过裆，这时左手手腕逆时针方向扭转，杆头上挑，抖绳在空竹轴上呈无扣状，便很容易脱出。

第7节 〽 金蛛织网

在自然界中，每一种动物都有其自身生存的本领。蜘蛛是人们比较熟悉的小动物，是织网能手，擅长织网猎捕食物。在本节所介绍的这个招式中，空竹围绕腰、脖而转，形如织网一般，是空竹动作中难度较高却又较常用的招式。

〽 一、金蛛织网动作分解

（1）启动空竹做立盘丝。待把空竹由右向左盘动时，右手在下，左手在上，并且左手手腕向后扭，带动空竹向身后运行。

（2）左手过顶，空竹运转至身体右侧前方，这时右手绳绕到身后。

（3）左手带动空竹由右向左，左腿抬起，带空竹从左腿下通过。

（4）左手上举过顶，空竹从身后运转至身体右侧，右腿抬起，空竹从右腿下通过。

（5）左手带动空竹于胸前，随着身体的连续左转，左手上提将空竹脱出。

（6）右手杆前伸，从空竹的右侧向左套住空竹，伴随转身，左手将空竹脱出。

（7）右手杆头压低，从空竹的右侧上方向下套住空竹，抖绳绕到脖子上，由前到后运转一周至身体右侧前方。

（8）空竹继续由右向左运转，抖绳与右手杆相交，左、右手带空竹过顶绕脖运转，右手杆立起前撑，空竹在右手杆后方运转。

（9）身体连续向左转动，左手杆向上提，空竹离绳脱出，右手绳由右向左套住空竹，伴随转体空竹向左运行，并从左手绳下绕脖向后。

（10）空竹绕脖从身后运转到身体右侧后，从右臂腋下通过，右手杆过顶向前，动作结束。

二、金蛛织网技术要点

（1）开始过两腿进入后，抖绳是在腰间缠绕，这时要随转体来变换空竹位置。

（2）步骤（8）是腰间缠绕和脖颈缠绕的交替处。空竹脱出后，右手杆头朝下套住空竹，绕脖到体前时，抖绳和右杆相交。再绕1圈后，空竹是在右杆里侧运行，所以右杆外撑是为了让空竹通过。

第8节 🔀 跨龙夺珠

一 条蛟龙，口中含着一颗宝珠，不时地将其喷出收住。一勇士跨到 龙背上，每当蛟龙喷出宝珠时，就将其锁住。你来我往，难分胜负。

🔀 一、跨龙夺珠动作分解

（1）启动空竹做立盘丝。左腿抬起，左手带着空竹过左腿到身后。

（2）左手直接向上提起，空竹脱绳向右。身体右扭，左手绳由右向左套住空竹。

（3）左手抖绳套住空竹后，随着身体左转一周，空竹从抬起的右腿下通过向前。

（4）身体继续左转，右手带着空竹由低到高转体一周后，向上将空竹脱出；身体急速地旋转1圈，右手抖绳从空竹右侧套住空竹。

（5）身体左转，空竹从抬起的左腿下通过，左手过顶带着空竹，抖绳压在右臂上，左手上提，空竹脱出。

（6）右手杆相迎空竹，从空竹右侧套住空竹，左腿抬起让过空竹，左杆向后，空竹从后向前，右腿抬起，退出绳套，这时抖绳调于身后。

（7）身体左转不停，做鲸鱼摆尾动作，使空竹在身后由右至左，左手向上提起，空竹离绳脱出。

（8）右手过顶向前，右手绳套住空竹后复原。

🔀 二、跨龙夺珠技术要点

在脱绳时，有两种情况：

（1）右手绳在上，这样可直接向上脱出。

（2）左手绳在上，这时就要让抖绳在左臂上边，才能脱出。

第9节 狻猊摆尾

传说中，狻猊是龙生的九子中的老五，其相貌轩昂，喜烟好坐，形如狮子。佛主见它有耐心，便收在胯下当了坐骑。由于其体态较大，所以行走时总是左右摆动，便正如本节所介绍的招式一般。

一、狻猊摆尾动作分解

（1）空竹启动后做立盘丝并加速。当把空竹盘到身前时，右腿、左腿先后跳起，空竹从双腿下通过身后。

（2）空竹运行到右侧时，做云天雾地，同时身体左转，空竹到达身体右后方。

（3）两手将抖杆向后伸，右手向左拉动，右腿、左腿先后向上跳起，空竹在身后由右向左，然后右手向右拉动，在左腿未落地时，右腿再次跳起，空竹由左向右在身后通过。这个动作可连续做两个循环。

（4）当最后把空竹摆到左边时，左手带着空竹伴随转体过顶向前。

（5）当空竹到达身体左侧时，左手杆向后，空竹在身后由左到右。

（6）右手向左拉动空竹，右腿、左腿先后向上跳出绳套，空竹到身前恢复立盘丝状。

二、狻猊摆尾技术要点

本招式最大特点，就是空竹在身后由右向左，再由左向右地来回摆动进行。在摆动时，应注意以下两点：

（1）要将杆头在身后前伸，这样空竹在摆动时不易碰到腿。

（2）双手要同时向一方拉动，用力要均匀。

相关链接

抖杆的选择

抖杆是抖空竹的主要器材，这些器材也影响着抖技，所以抖杆的选择不可忽视。

抖杆在当前有竹杆、玻璃钢、塑料、不锈钢等材料制作的。但是在挑选抖杆时，有两个原则必须注意，一是杆的弹性好，二是杆的重量轻。一般来讲，竹杆的弹性、柔性都比较好，重量轻，价格适中；玻璃钢杆是现在市面上的主要产品，重量适中，弹性一般，价格便宜，比较适合初学者；不锈钢杆重量较重，但强度高，价格较贵。

抖杆的长度一般在350-500mm之间。应根据不同的年龄、性别、体型等选用不同长度的杆，总之，玩着顺手的长度就是适合自己的长度。

抖杆的直径在6-10mm之间为宜。如果做上杆的动作多，则多采用细杆，盘丝多或者动作猛烈激昂，则用粗杆。如果外出交流比较多，携带抖杆不方便时，可挑选伸缩杆。

另外，挑选抖杆时除了注意以上事项时，还应注意杆头上的金属套是否和杆的直径相符、结合是否紧密、前端穿绳孔是否有倒角、手柄的粗细是否适宜，并且还要考虑手柄的材料是否吸汗、握着是否舒适等。

第 10 节 〔图〕 夜叉探海

夜叉常被人们比喻成"凶悍""轻捷""勇健"之鬼，其受佛祖教化，后来成为护法之神。在本节介绍的这一招式中，空竹脱出时，抖空竹者身体前探直取空竹，势如夜叉探海一般，十分敏捷轻健。

〔图〕 一、夜叉探海动作分解

（1）启动空竹做立盘丝并加速，右手绳反抄过顶于身后。

（2）空竹过顶后，从身后左方运行到身体右侧，伴随向左转体，右腿抬起进入绳套中。

（3）当身体左转一周后，左腿抬起，空竹过左腿于身后，右手向上挑起空竹并稍向右拉动，空竹在身后脱绳向右飞行。

（4）身体向右前探出，右手绳从右向左套住空竹。空竹由右向左运行，抬起左腿从绳套中退出。

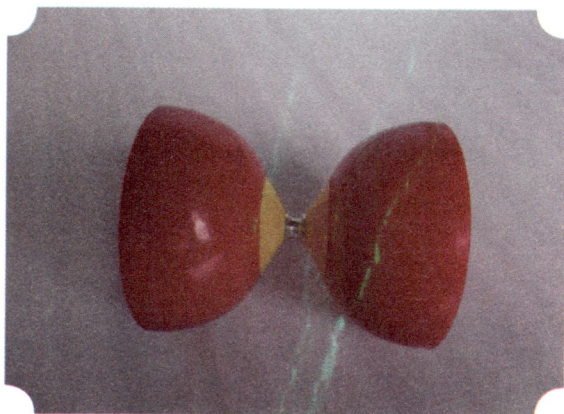

（5）右手随空竹过顶向前，当空竹运行到身体左侧，右手向右拉动空竹，左手随之向下，空竹脱出向右。

（6）身体向右扭转，右手绳套住空竹后恢复立盘丝。

二、夜叉探海技术要点

本招式中，步骤（4）是关键性动作。

（1）向前探身时，左腿应向后抬起，以保证身体的平稳。

（2）左手绳去套空竹时，应从空竹的上边向下反套。

相关链接

抖绳的选择

抖绳是抖空竹的主要器材，影响着抖技，所以抖绳的选择不可忽视。

抖绳的种类也越来越多，有纯棉线绳、浆棉线绳、鱼线绳、尼龙线绳、风筝线等。在这些种类中，唯有纯棉线绳和浆棉线绳为上乘。但是，如果当地的湿度大，或者早晨有露水时，应采用浆棉线绳、鱼线绳或风筝线；气候干燥环境中，用纯棉线绳效果最佳；如果使用的空竹抖轴为木质轴，可使用尼龙线绳，如为金属轴的则不可采用尼龙线绳，这是因为金属轴散热效果不好，尼龙线绳易受热伸长被拉断。

抖绳的长度一般为每个人的身高。一般在 1.7—1.8m。抖绳长做出的动作舒展、潇洒。抖绳过短，胳膊则伸展不开，使动作不到位，并且空竹因运动线路短而快速绕到左手杆头上，会将抖绳拉断，有时还会缠绳打人。

普通抖杆（无手柄和铜头）只需将绳缠绕套牢在线槽即可，如果是专业抖杆（带手柄和铜头），抖绳应从铜头的上方穿入，绳的末端应打结，并隐藏在铜头的里面，不宜外露，这样可保证绳不会缠挂在抖杆上。

第 11 节 珠玑倒飞

趵突泉，有天下第一泉之称。"趵突"二字，比喻泉水跳跃之状，喷腾不息之势。清代诗人何绍基在《趵突泉》一诗中吟道："泺水源头太是奇，千年趵突有神机。人工天匠难窥察，万斛珠玑尽倒飞。"在本节所介绍的招式中，空竹过裆脱出，循环往复，便犹如珠玑倒飞、"趵突"不止一般，十分鲜活灵动。

一、珠玑倒飞动作分解

（1）启动空竹后做立盘丝，然后加速，右手反抄过顶，身体向右扭转，空竹至身体右前上方。

（2）右手向下拉动空竹，左手逐渐上举，空竹过裆向后脱出，右手向前套住空竹。

（3）右手套住空竹后，身体右转，带动空竹到达身体左前侧。

（4）右手回拉，空竹从身后左侧过裆向前脱出。

（5）右手前迎套住空竹，左脚不动，右腿抬起，身体向左旋转一周，右手回拉空竹由前向后过裆脱出。

（6）重复步骤（2）（3）（4），使空竹由前向后、由后向前过裆脱出两个循环。

（7）当最后一次空竹由前向后过裆脱出时，右手抖绳过顶到身后，右手前拉抖绳套住空竹。

（8）右手套住空竹后做一个云天雾地，待空竹到达身体右后方时，两腿向上跳起退出绳套，空竹到身前恢复立盘丝。

二、珠玑倒飞技术要点

在本招式中，空竹有由前向后过裆脱出，有由后向前过裆脱出，两种方向不同的过裆脱出都有一定的难度，具体技巧如下。

（1）当空竹由前向后时，左手高，这样空竹过裆后，不受左绳限制，加之腿的下部绊压，抖绳受到向下压力，空竹反而易上脱。

（2）当空竹由后向前时，一般是从身体左后边过裆向前，这时右手杆应向左侧推一点，左手杆在上，这时空竹轴上的绳扣是打开的，所以就好脱出。

第 12 节 ⋈ 萧何追将

萧何追将，就是萧何月下追韩信。当时汉将夏侯婴将韩信推荐给刘邦，但未被重用，于是中途离去，被萧何发现后追回。在本招式中，空竹从左边拉起，在转换了绳扣后继续向右运行，继而紧追着空竹跑动，故得此名。

⋈ 一、萧何追将动作分解

（1）启动空竹做立盘丝并加速。待将空竹盘到右手在内、左手在外时，右手向上拉起，左手稍下按，空竹向上脱出，右手从身体左侧过

顶于身后。

（2）右手前伸，右手绳从空竹下边由右向左套住空竹，右手腕向后扭，空竹从身体右侧经身后向左。

（3）左手由下向上带起空竹，经过绳扣调换后空竹向右。

（4）左手向下，空竹随身体向左扭转，从抬起的左腿下通过脱出。

（5）右手向前拉伸抖绳，从右侧套住空竹。

（6）右腿向前上一步，右手带空竹由身后向左将空竹脱出。

（7）身体左转，右手绳套住空竹后结束。

二、萧何追将技术要点

（1）这是一个脱绳进入法。在脱绳的过程中，右手杆随时过顶向后。

（2）在做步骤（4）时，左手带起空竹的过程中，左手绳从空竹的上方逆时针方向旋转一周，等于左手绳在空竹轴上退下又缠上。这一动作是同空竹的自转和左手提起同时进行的。

相关链接

基本花样口诀

反正过桥

双手张开把线撑，两臂上举过头顶。空竹从左向右走，到头右杆向上冲。空竹跃起翻身接，左手杆头空竹停。两臂再举空竹返，左旋前进线拉平。行至杆头向上弹，抄住转身落前胸。

骗马

反抄空竹把腿抬，空竹腿下挑出来。身体复原拉直线，接迎空竹落线来。基本骗马掌握好，左右变化学得快。

钓鱼

空竹转速最关键，右手打扣左里翻。空竹落底绷直线，绷紧空竹向上钻。空竹到顶手外翻，左手放下就复原。

第13节 〽 天王祭塔

天王指的是《封神演义》中哪吒的父亲李靖。哪吒莲花化身后，欲报李靖鞭其金身之仇，便脚踏风火轮追杀李靖。追杀途中遇到了燃灯道人，赐给李靖一尊玲珑塔，终将哪吒降伏。在本节介绍的这一招式中，空竹左翻右起，便如宝塔浮光掠影一般，令人眼花缭乱。

〽 一、天王祭塔动作分解

（1）空竹启动后加速，右手在上，左手在下，两手交叉，左腿抬起进入绳套之中。

（2）身体向左转动，左手杆向下外撑，空竹在左杆内侧旋转，再从腿下通过至身前。

（3）身体左转不停，左腿抬起，右手臂向上过顶，左手杆朝下带着空竹过左腿向后。

（4）右手过顶领着空竹从身后向前至身体右前方，伴随着身体的左转，左腿退出绳套，抖绳调于裆下。

（5）左手杆横于背后，右手带空竹过顶至身后。

（6）右手过顶带空竹由左向右，右腿抬起退出绳套。

（7）先做一个云天雾地，然后做鲸鱼摆尾，空竹运行到身体左前方。

（8）左手向上将空竹提起，空竹脱出向右飞行，身体右扭，左手抖绳向前，从空竹轴下向上套住空竹。

（9）左手抖绳套住空竹后，身体左转，空竹由右向左经身后环绕一周半后，右腿抬起，空竹过右腿脱出向上，右手绳向前套住空竹。

（10）右手套住空竹，做一个鲸鱼摆尾，待空竹到达身体左侧时，左腿抬起，空竹过腿脱出，身体左转，右手抖绳套住空竹后复原。

二、天王祭塔技术要点

（1）开始进入时，是托马斯全旋进入式。

（2）做步骤（3）右手过顶时，左手杆在裆下。做步骤（5）右手过顶时，左手杆在身后。

（3）在步骤（10）鲸鱼摆尾中，当空竹到达身体左侧时，左腿应立即抬起，不要停顿。

chapter 5

立盘丝动作大观

　　抖空竹这项民族传统体育项目在我国历史悠久，源远流长。空竹以它独特的魅力，一直在民间广泛流传，是一项喜闻乐见的娱乐健身活动，也是我国民族传统体育文化瑰宝之一。这一运动主要通过眼、手、脚、身体的运动，使四肢、躯干、眼得到良好的锻炼，从而使身体得到锻炼。

第1节 ⋈ 结草衔环

春秋时期，晋国大夫魏颗没有按照父亲的遗愿让其小妾陪葬，而是让她改嫁他人。小妾父亲的灵魂在战场上把草打成结，绊倒了秦国大将杜回，帮助魏颗取得了胜利，以报答他的恩情，此为"结草"。东汉人杨宝救了一只受伤的小黄雀，小黄雀伤好后叼来四个玉环报答杨宝的救命之恩，此为"衔环"。后来世人便用"结草衔环"来比喻受人恩惠，定当厚报，至死不忘。

⋈ 一、结草衔环动作分解

（1）启动空竹后做立盘丝并加速。待空竹旋转升起时，右手杆挑住左手绳，左手杆挑住右手绳，两杆向上竖起。

（2）身体连续左转，两杆逐步放平，将构成的绳套从头顶向下套到脖子上。

（3）空竹随着身体的旋转一直在身前，当转身两周后，头向右甩，空竹从身前至背后，同时左手过顶向右。

（4）左手过顶后，带着空竹在身前旋转，并随着身体的左转，右手杆挑住左手抖绳形成新的绳套。

（5）双手将绳套再套到脖子上，头向右甩，空竹从身前经身后到右边，同时右手杆过顶向前。

（6）空竹到达右侧后，左手杆过顶向前退出，并从空竹的前边通过向左。

（7）身体左转不停，右手带着空竹至身体右侧，伴随着转体，左手杆从左边头顶向前，或者双腿从绳上退出后复原。

二、结草衔环技术要点

（1）在这个招式中，有两次套脖进入：第一次是用左右抖杆互相挑着对应的抖绳，形成绳套后进入。第二次是右手杆挑着左手绳形成的绳套，由右手直接将绳套套到脖子上进入。

（2）第一次退出绳套时，是向右甩头，左手过顶向前，这时一定要注意：左杆及左绳必须让过空竹才能通过向左，不得和空竹绞在一起。

第2节 ◁◁ 蹬弓射箭

本 节介绍的这一招式，先用脚蹬住抖绳，将空竹抛向半空，空竹飞射而出，便犹如离弦之箭，故得名蹬弓射箭。

◁◁ 一、蹬弓射箭动作分解

（1）启动空竹后做立盘丝。当空竹转速提升并被向左盘动时，左腿抬起，蹬住空竹右边的抖绳。

（2）蹬住抖绳后，右手带着空竹在身前盘旋一周。

（3）两手向上，左腿上摆，空竹脱出直冲云霄。

（4）右手拉直抖绳，待空竹下落后由右向左套住空竹。

◁◁ 二、蹬弓射箭技术要点

蹬绳时，一定要待空竹到达左侧后再用左脚蹬住。

第3节 ◯ 金凤绕林

在本节介绍的这一招式中，抖绳带着空竹先绕到腿上，再经盘旋运转突然飞起，或低飞，或高飞，犹如凤凰绕树而过一般，各有风韵。

◯ 一、金凤绕林动作分解

（一）低飞式

（1）启动空竹做立盘丝，待空竹盘稳后，身体右转90度，将空竹调控于左腿外侧。

（2）左腿抬起，让空竹绕到左腿右侧。

（3）随着空竹的惯性，身体向上跳起，同时左小腿带着抖绳向后踢起，空竹从身后向右脱出。

（4）右手绳套住空竹后复原。

（二）高飞式

（1）启动空竹后做立盘丝。当把空竹盘到身体左侧时，两手持杆不动，让空竹围绕左腿旋转，右腿抬起相让。

（2）当空竹绕左腿转到前方时，左腿后勾上弹，空竹脱出。

（3）将右手杆递到左手中，右手掌伸开向上，接住下落的空竹。

二、金凤绕林技术要点

（1）做此动作时，首先要向右转身90度，这样空竹不会随意脱绳。

（2）空竹不论是到达右腿左侧还是左腿外侧，绕腿的抖绳不要过长，并且不是全部缠绕到腿上，而是腿抬起时，在腿下盘旋一周。

（3）要待空竹到达脚的右侧时，才能向后勾腿踢起。

相关链接

空竹的挑选

初学者学抖空竹有两个问题：一个是怕摔，一个是怕不能持久。

如果空竹不耐用则很容易摔坏，所以初学者最好选择胶碗空竹或者带胶边的工程塑料空竹，一般的工程塑料空竹也很耐用，但是当它摔在地上时会很响，尤其在转速很高时，如果在家里面玩最好别玩工程塑料的，否则楼下肯定会有意见（当然一楼除外），胶碗空竹和带工程塑料胶边的空竹掉地上时声音就会小很多。

普通的胶碗空竹没有声音，故而容易让初学者失去兴趣。有响的空竹可能对初学者更有吸引力，不过要想玩持久，也有两点：一个是学习空竹的花样和技巧，花样和技巧才是空竹的精髓；二是和其他空竹爱好者一起玩，气氛好，互相学习，互补长短，更有动力。

第4节 ∞ 直冲云霄

在本节介绍的这一招式中，空竹直接从腿下脱出，向上直冲，带着一股刚强之气，动作十分简洁分明。

∞ 一、直冲云霄动作分解

（一）右腿左出

（1）启动空竹做立盘丝。

（2）当把空竹盘到身体右侧时，右手绳反抄。

（3）当空竹到达身体正前方时，右腿高抬，空竹调于右腿的左侧，左手杆朝前，右手杆上举。

（4）右腿左摆，空竹脱出向上。

（5）身体左转，右手绳迎着空竹，由右向左套住空竹。

（二）右腿右出

（1）启动空竹后加速，右手反抄过顶。

（2）身体左转，右腿抬起，右手带着空竹由后向前，并由右腿右侧过腿脱出。

（3）身体左转，右手绳从空竹右侧套住空竹。

∞ 二、直冲云霄技术要点

（1）在右腿左出的招式中，当把空竹调到右腿左侧时，一方面右手盘旋上拉，另一方面右腿向左摆动，空竹顺利脱出。

（2）右腿右出时，拉动空竹，右腿下边压住抖绳。因这时抖绳在轴上呈无扣状，所以很容易脱出。

第5节 〇〇 武松解枷

武松因醉打蒋门神，后又中了张团练布下的奸计，被刺配恩州牢城。在押配途中，武松把身上所戴的铁枷折作两半，将公差杀死，又到孟州城中杀死了张团练、蒋门神等人，这才逃亡而去。本节介绍的这一空竹技法，便好比武松解锁脱枷般，招式精妙，力度十足。

〇〇 一、武松解枷动作分解

（1）启动空竹后做立盘丝。左手向左带着空竹过顶于身后。

（2）过顶后，左手带着空竹至身前并向上脱出，右手绳从空竹右上侧向左套住空竹。

（3）身体连续地向左旋转，左手杆逐步向右伸出，慢慢靠近空竹轴，右手杆向前，与左手杆相交呈"十"字，空竹在相交处旋转。

（4）两杆交叉不动，当身体旋转两周后，头部由右向左摆动，左手杆随之过顶向前，空竹绕脖旋转一周后至身前复原。

在这个动作中，还有一种左手直接过顶的进入法，具体步骤如下：

（1）在空竹转速升高并运转平稳后，左手杆移至右肩处，这时抖绳在身后，右手带着空竹旋转。

（2）随着身体的左转，左杆回撤，并使左杆逐步靠近空竹轴，右手杆向前，与左手杆相交。之后的动作与前面的步骤（4）（5）相同。

二、武松解枷技术要点

（1）两杆相交叉时，一定要将抖绳向前拉直。

（2）空竹从相交的杆上向左时，主要依靠头部的甩动来增加空竹的惯性，使空竹绕脖旋转一周。

相关链接

挑选空竹技巧

挑选适合的空竹并不是件容易的事情，应根据自身的条件和场地等因素进行科学选择。

1.一般来讲，男性应选用单轮空竹，女性可选用双轮空竹，但是初学者建议从双轮空竹练起，这样容易树立起对空竹的信心和兴趣，毕竟单轮空竹技巧性相对更强，待有一定基础后可遵循前述原则。如果抖两个双轮空竹时，选择 V 形轴的空竹会更好。

2.初学者应挑选重量较大的空竹，比较容易上手，小孩、年老者或体质较弱，以及病后恢复人员，可选用重量较轻的空竹。做高难动作较多的，或者是比较年轻的人，可选用轴承式空竹。

3.一般体型的人，选用空竹的直径应在 100—130mm 之间；体重较大、身材较高的人可选用 150—300mm 直径的空竹。

4.如果在沙土地、草坪绿地的场地，可选用竹木材料制作的空竹；如是土质场地可选择全塑料或是塑木空竹；在混凝土、砌块铺就的场地，应选用碗形橡塑材料制作的空竹或者是尼龙材料制作的空竹。

第6节 〔◎〕 缠喉滚珠

2013 年 1 月 17 日，巴建国代表上海杂技团在巴黎"明日"杂技节中斩获金奖，将单轮空竹的技艺推向了巅峰。而杂技节目中的钢筋锁喉这一惊骇动作，则被空竹艺人移植到了空竹技艺之中，创造了缠喉滚珠这一动作，成为最具代表性的一种立盘丝招式。

〔◎〕 一、缠喉滚珠动作分解

（一）单缠法

（1）空竹启动后做立盘丝。当把空竹盘到身体右侧时，右手绳反抄，左手带空竹向后过顶。

（2）左手过顶到达身前，左手向上将空竹脱出，右手绳套住空竹后向左甩去，空竹绕脖运行。

（3）待空竹到达身体右侧时，右臂抬起，让空竹从右臂下通过向前。

（4）空竹到达胸前时，左手杆挑着抖绳摇转一周，挑着空竹过顶向后，抖绳自然地从杆上滑下。

（5）空竹到达身前时，左手向上脱出空竹，右手绳上前套住空竹。

（6）右手向左甩动，空竹绕脖运行并从右臂下边通过向前。

（7）右手过顶向前，左手领着空竹过顶一周到身前，将空竹向上抛出。

（8）身体右扭，右手绳套住空竹后复原。

（二）双缠法

（1）启动空竹并加速，待空竹盘到身前时，左手腕向后，带着空竹过顶至身后。

（2）左手过顶向前，抖绳绕在脖子上，左手再次过顶向前。

（3）左手上提，将空竹脱出，右手绳套住空竹。

（4）右手绳套住空竹向左甩去，空竹绕脖盘旋2圈，当空竹到达身前时，左手杆顺时针方向摇转空竹2圈。

（5）身体稍左转，左手向上将空竹脱出向上，右手绳向前套住空竹向左甩去，空竹绕脖到身后。

（6）待空竹运行到身体前方时，左手向上脱出空竹，右手杆套住空竹左甩于身后，再向前过顶拉出后结束。

二、缠喉滚珠技术要点

（1）开始时，左手过顶共两次，也就是让抖绳在脖子上缠绕2圈，这时一定不要让抖杆与发音轮相擦，否则空竹变形，动作失败。

（2）在做步骤（4）、（5）时，左手摇转空竹左杆一定要立起。向上抛起空竹时，左手上抬后要有一个瞬时暂停，空竹才能脱出。

第 7 节 〰 绕山漂流

清代诗人唐孙华在《落叶》一诗中写道："高原惨澹烟条直，沟水漂流锦片残。"在本节介绍的这一招式中，抖绳绕身而转收放自如，便犹如溪水漂流一般，叹为观止。

〰 一、绕山漂流动作分解

（1）空竹启动后做立盘丝。当把空竹盘到身体右侧时，右手杆向左甩动，空竹到达身体左侧，左手杆向右甩动。

（2）左手杆将空竹向右甩动到身体右侧，左手杆横于胸下，右手带动空竹向后过顶。

（3）右手过顶向前，再次过顶，空竹到达胸前停住，同时身体稍下蹲，呈马步状。

（4）右手带着空竹由右向左送出，并且右手停在左肩上不动，空竹沿绳从左向右经身后绕体两周后至身体左侧。

（5）右手在左肩处不动，立即将空竹由左向右甩动，空竹沿绳绕身体旋转两周至身体左侧，身体向上立起并左转。

（6）右手过顶向前两次，抖绳从脖上退出后复原。

以上是右手过顶的做法，本招式还可以连续用左手过顶来做，形成左右对称的模式。左手过顶的做法与右手相反，读者可根据右手过顶的做法来完成左手过顶的绕山漂流。

二、绕山漂流技术要点

（1）在这个招式中，空竹的转速要高、要平、要整。

（2）在步骤（4）中，右手带着空竹是向左送，而不是向左甩，这点要注意。

（3）右手将空竹送出后，右手臂应停在左肩上不动。

（4）空竹在绕身旋转时，身体也要做相应的转动，以增加空竹的运行速度。

第8节 ◎ 龙卷金铃

在 龙卷金铃这一招式中，抖绳带着空竹盘旋如飞，后跃入天际，犹如飞龙直上云霄一般，令人眼花缭乱，目不暇接。

◎ 一、龙卷金铃动作分解

（1）空竹启动后做立盘丝。待空竹盘到身前时，左腿抬起，进入绳套中。

（2）左右手同时盘动空竹，身体也随之做相应摆动，使空竹在左腿上部盘旋2圈。

（3）待空竹被盘到左腿下方时，左手向后提起，空竹脱出后向右飞出。

（4）身体向右扭转，右手前伸去套住空竹。

（5）右手由右向左甩动空竹，左腿抬起让其通过，随即右腿上跳，从绳套中退出，这时抖绳在身后。

（6）待空竹到达身体右侧后，做一个鲸鱼摆尾；空竹到达左边时，左手杆挑着抖绳向上，空竹脱出。

（7）右手杆向前，从空竹的右上侧套住空竹。

（8）身体左转，双腿跳起退出绳套，空竹至身前复原。

二、龙卷金铃技术要点

（1）在步骤（2）中，当左腿抬起，做身前盘丝时，左右两手都要动起来。

（2）同时，身体也要随之配合转动，否则空竹会被缠死。

相关链接

挑选空竹技巧

挑选适合的空竹并不是件容易的事情，应根据自身的条件和场地等因素进行科学选择。

夜间或在光线较弱的地方抖练时，应选择带有荧光材料的空竹。

老年人或者喜欢音乐的人，可以选购带音乐的电子空竹。

初学者可使用抖轴是平面的 U 形轴空竹，并且抖轴的直径不宜粗，一般在 10mm 左右。如果是两个双轮空竹，则要选择两个相同的 V 形轴空竹，颜色应搭配开来，不要同一种颜色。

如果是集体表演，则应选择定向性好的双轮空竹。

应根据自己的爱好挑选空竹的颜色，红色、黄色、蓝色、绿色、玫红都是市面上空竹的主打颜色。

在购买空竹时，应先抖试一下，观看空竹的旋转是否平稳，听一听低音和高音的音质、音调是否理想。在听音质时，应从低速逐步加速到高速。有的空竹在低速时低音丰富，但当转速升高后却没有了声音，产生断音或哑音。有的空竹高音特尖特脆，比较刺耳。所以挑选空竹时通过对比来购买最为理想。

第9节 🐾 灵猫逮鼠

猫 的前肢为五趾，后肢为四趾，趾端具有锐利而弯曲的爪子，爪子能伸能缩，常以伏击的方式猎获老鼠。在本节介绍的这一招式中，空竹花样层出不穷，躲在身后的抖绳便犹如灵猫设下的圈套一般，正在不声不响地等待老鼠的到来。

🐾 一、灵猫逮鼠动作分解

（1）空竹启动后做立盘丝。待空竹盘到身体右侧时，右手绳反抄过顶于身后。

（2）当空竹由后向前过顶时，右腿、左腿先后跳起，让过空竹至身体左边，这时右手绳由身后从左臂下通过。

（3）左手带着空竹由左向后过顶，空竹绕身转动1圈到达身前。

（4）这时左手杆挑着抖绳，带着空竹做1圈上摇铃，再倒过来做1圈下摇铃。

（5）身体稍左扭，左手带着空竹向后并向上挑起，空竹离绳脱出，右手绳由身后去套空竹。

（6）右手绳套住空竹后，伴随向左转体，带动空竹由身后到达身体右侧，做一个云天雾地。

（7）空竹到达身体右侧时，紧跟着做一个鲸鱼摆尾；空竹到达身体左侧后，左手向上将空竹脱出，右手绳套住空竹后复原。

在这个招式中，还有一种叫做"猫咬尾"的做法。它是在做完步骤（5）后，不将空竹脱出，而是带到左臂腋下，用右手绳直接抄住空竹。

二、灵猫逮鼠技术要点

（1）本技法是一个右手过顶，还可以采用直接盘丝过顶，做一个鲸鱼摆尾。左手挑绳过顶也可以。

（2）做上摇铃和下摇铃是为了增加观赏性和更多的花样，直接带空竹从左向后脱起也是可以的。初练时可采用此法。

（3）做步骤（5）将空竹抛起时，要注意空竹脱起的位置，应在灵猫逮鼠臂的下方或前方最佳。

（4）做步骤（5）将空竹脱出后，右手绳要向上迎接空竹，待空竹落到左臂腋下20厘米处时，要主动去套空竹。

第 10 节 〽 广成掷印

广成子，是《封神演义》中元始天尊门下阐教"十二金仙"之一，他有个宝物叫番天印，该印为原始元尊取不周山断壁所炼而成。后在破金光圣母的金光阵时，广成子暗将番天印掷出，正中金光圣母囟门，将其砸死。那么在本节介绍的这一空竹招式中，要如何将"印"打出呢？请看下文中的动作详解。

〽 一、广成掷印动作分解

（1）空竹启动后做立盘丝。待将空竹盘到身前时，双手向上将空竹脱出，右手过顶到后面，左手绳套住空竹，向身后摆出，空竹随身体左转沿绳从身后到达右手杆头处。

（2）身体左转不停，右手带着空竹由右向左，并通过抬起的左腿向上挑出空竹。

（3）左手从空竹轴下向上套住空竹并绕至身后，伴随身体左转，空竹沿绳到达右手杆头处，从抬起的右腿下向上挑出空竹。

（4）身体左转，右手绳前迎套住空竹，伴随转体一周半将空竹调至身体右侧。

（5）右手在身后由右向左做鲸鱼摆尾并将空竹脱出，右

手前伸，身体左转，右手绳套住空竹后复原。

二、广成掷印技术要点

（1）在两腿下脱出空竹时，一定要把空竹调到右手杆头处。

（2）空竹向上脱出时，左手绳应稍微松一下。

相关链接

空竹实用抖法口诀

鼓线

鼓线抖法加速快，右腕挑杆向上带。空竹受力上飘起，双手合拢向上举。抖线松紧要适度，轴与抖线轻接触。等待空竹自然落，拉起时机别错过。空竹行将落谷底，右杆发力再拉起。空竹上飘手再举，反反复复多练习。

抽拉抖法

抽拉抖法很新奇，空竹受力左右移。左抽右拉使脆劲，全凭杆头爆发力。左杆横握右杆顺，杆头轴心要对齐。

上下抖法

上下抖法很有趣，两手上下在交替。右手向上带空竹，与肩平时再挑起。二次受力向上钻，右手放下左手起。等待空竹自然落，抖线微松最适宜。空竹落后左手下，将到底谷再拉起。

大车轮

大车轮很像旋，空竹带线画圆圈。身体空竹要平行，杆头轴心一条线。左下方是发力点，右杆带起即松线。空竹画弧向右行，左手送来右手迎。下画弧线向左送，右杆拉起转不停。

第 11 节 🔀 仙姑摘果

何仙姑是八仙中唯一的女性，她小时候入山采茶遇见吕洞宾，吕洞宾给她吃了一个仙桃，从此便脱俗成仙。本节招式里的这个"摘"字，形容抖空竹者在做此招式时动作轻松敏捷，潇洒飘逸如仙姑一般。

🔀 一、仙姑摘果动作分解

（1）空竹启动后做立盘丝。当空竹到达身体右侧时，身体向上跃起，空竹从两腿下通过，左手上提将空竹向身后脱出。

（2）身体右扭，左手相迎去套住空竹，伴随身体左转将空竹由身后带到身前。

（3）身体左扭，右手带着空竹由右向左将空竹脱出，身体左扭，左手绳相迎去套空竹。

（4）左手向左带动空竹，身体左转1圈多后到身前，右手向上脱出空竹，右手相迎去套空竹，这时抖绳位于身后。

（5）右手套住空竹后，伴随身体左转一周做鲸鱼摆尾，并向上脱出空竹。

（6）身体右扭，右手绳套住空竹后恢复立盘丝。

二、仙姑摘果技术要点

在这个招式中，一共有四次脱绳动作。

（1）第一次脱绳是两腿跳过后左手向身后脱出，这时左手杆头应向身后右上方挑起。

（2）后三次脱绳时空竹的方位不同，但都应注意一点，就是要将抖绳调为无扣状，这样空竹才能脱出。

第 12 节 〇〇 腰缠万贯

腰缠万贯，出自南朝梁殷芸的《小说·吴蜀人》。说是有朋友相聚，每人都说出自己的志向，有说想当官，有说想有钱，有说想骑鹤游天下，其中一人则说，腰缠十万贯，骑鹤上扬州。而在这里的腰缠万贯，则与其不同。

〇〇 一、腰缠万贯动作分解

（1）启动空竹后做立盘丝。当把空竹盘到身前向左时，左手带着空竹过顶，通过身后至身前。

（2）身体左转，带着空竹转体一周，左手向上将空竹脱出，右手绳套住空竹。注意这时右手是在空竹轴的右侧。

（3）右手将空竹向左送出，空竹从左手的上边通过绕身一周到达身前，这时左右抖绳叠合在一起。

（4）空竹进入绳圈后，左右手同时由右向左盘动，空竹沿抖绳所成的轨道绕腰部运行可达数圈以上。

（5）停止空竹缠腰运行时，右手抬起，使空竹到达左手杆上，左手做上摇铃一周，直接向上将空竹脱出。

（6）左手绳过顶向前，右手向上套住空竹后恢复立盘丝。

二、腰缠万贯技术要点

缠腰旋转是本招式的重点。

（1）两根绳要叠合在一起形成轨道。

（2）左右手同时由右向左带动，腰也要随着两手的摆动而摇转。

相关链接

鸳鸯戏水动作

开始时，主角先将空竹抖转，配角再上场接过左杆配合主角做动作，这时主角左臂揽着配角后腰，配角右臂抱住主角后腰。两人抖动1圈后分开，进行盘丝过顶或其他花样动作。随后，主角将抖绳放低，配角从抖绳上跳过，紧接着主角身体左转，右腿、左腿先后从抖绳上跳过。两人重新搂住彼此后腰后加速，配角盘腿下蹲，主角绕着配角抖动空竹。

配角立起，两人互搂后腰并加速空竹运转，待空竹到达配角左边时，两人左腿同时抬起朝向右前方，空竹在配角身体左侧旋转一周；待盘丝过顶到达主角身体右边时，两人同时抬起右腿，空竹在主角身体右侧盘旋一周。两人抖动空竹，待空竹到达主角身体右边时，两人同时向上起跳，抖绳从两人腿下通过运转至身后。这个动作可连续起跳三次。

两人分开，左右手扣在一起，可做各种花样动作。当空竹即将要过配角头顶时，配角随势向右转身贴进主角左侧。当盘丝3圈后，配角突然身体左转向后，右手从身后与主角左手相连，继而做各种盘丝花样。待花样盘丝达三个循环后，主角从配角身后移到配角右侧，身体左转一周，主角接过配角手中的抖杆，配角在不松开主角左手的情况下，连续向左转身跳迪斯科。

配角左手接过主角手中的两根抖杆并递到右手中。主角身后，主角右手抓住抖绳摇转空竹，待两人转身，右手上提，空竹脱出，松绳抓住空竹后结束，致谢。

第13节 [∞] 海豚吞珠

海豚，是一种体型较小的鲸类，十分聪明伶俐，具有超群的表演本领。在本节介绍的这个空竹技法中，空竹从身后穿裆向前飞出，几经旋转翻腾，被瞬间套回，便犹如海豚跃起吞咬住珍珠一般，十分生动形象。

[∞] 一、海豚吞珠动作分解

（1）空竹启动后做立盘丝并加速。当空竹被盘到身前偏左时，左手向上将空竹脱出，右手绳反抄住空竹。

（2）右手反抄住空竹后向左，右手过顶向后，左手杆也相应向后，将空竹带至身后。

（3）两手同时向前上挑，身体同时上领，空竹从裆下脱绳穿出向上，随即身体右转，用左手绳去套空竹。

（4）左手绳套住空竹后身体左转一周半，空竹在身后沿绳到达右手杆头处至身前，右手向上将空竹脱出。

（5）右手绳套住空竹，伴随转体空竹到达身体右侧，右手带着空竹由右向左做鲸鱼摆尾。

[∞] 二、海豚吞珠技术要点

（1）开始盘丝脱绳时，是边盘丝边脱绳。因右手绳在发音轮，所以脱出的空竹位置比较高，可以采用反抄脱绳。最理想的脱绳，是在盘丝中，待左手绳位于空竹的右边瞬间，右手向右拉，左手稍下压，空竹脱出。

（2）在做步骤（3）时，首先要把空竹调到身后与裆齐处。其次向前过裆时，两手杆要同时向前挑动，两手腕要顺势向上，身体也要随之向上拔，空竹就能准确地从裆下脱出。

第14节 ∞ 比干摘心

《史记·殷本记》载：比干，为殷纣王的叔父，为人忠诚正直，他见纣王荒淫失政，暴虐无道，常常直言劝谏。在一次劝谏时，纣王怒道："你说你忠心，今天我倒要看看你的心是什么心！"比干怒视纣王，自己用刀将心挖出，扔于地上。比干挖心扔于地上，而这个招式，却是"挖"出后被直接收住而不落。

∞ 一、比干摘心动作分解

（1）空竹启动后加速，待空竹盘到身体左侧时，将空竹脱出，右腿高抬，空竹从右腿下通过向边。

（2）右手前迎套住空竹，带空竹过顶。

（3）身体左转，伴随转身调空竹于身体右边。做鲸鱼摆尾脱出空竹，并伴随转体右腿抬起。

（4）左手杆随着空竹的下落伸入右腿下迎接空竹，套住空竹后伴随转体引空竹到身体左边。

（5）身体左转不停，空竹沿绳从身后至身体右边，做一个云天雾地，将空竹调到身体前方并向上脱出。

（6）右手绳套住空竹，做鲸鱼摆尾将空竹脱出，身体向上跃起并左转，右手相迎套住空竹后恢复立盘丝。

∞ 二、比干摘心技术要点

（1）在做步骤（3）时，所脱出的空竹在身体左侧应垂直向上，不能做横向移动。

　　（2）右腿抬起后，距离空竹不得大于 20 厘米。

　　（3）左绳进入右腿下迎套空竹时，杆与绳应保持一个较大的夹角，右手朝向身后，绷直抖绳。

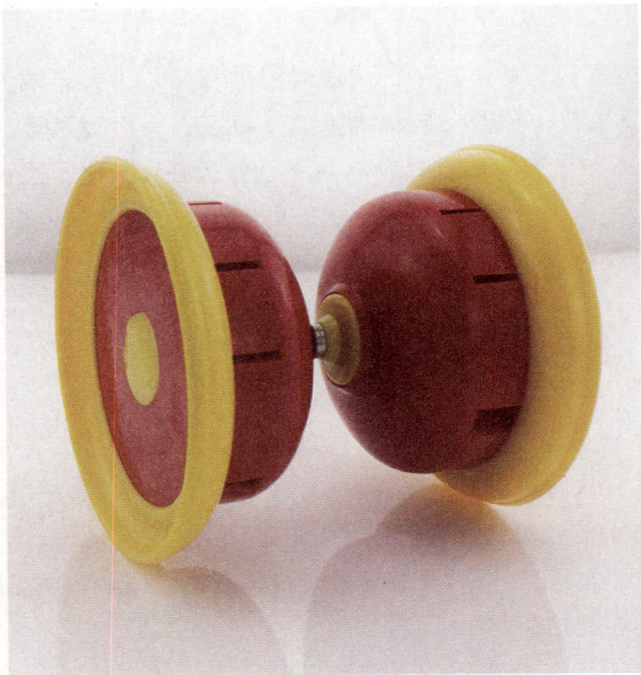

第15节 ∞ 仙人踢毽

踢毽子，起源于汉代，盛行于南北朝和隋唐，至今已有两千多年的历史了。踢毽子对活动关节、加强韧带、提高身体的灵敏度和平衡性具有十分良好的作用。这里所说的仙人踢毽，则是将踢毽子的技巧与空竹花样融合在一起的一种招式，具有较高的难度和复杂性。

∞ 一、仙人踢毽动作分解

（一）落脚踢起法

（1）空竹启动后加速，当被盘到身体前方时，右手右拉，左手下压，空竹脱出，这时右脚抬起迎着空竹，让其落到脚面上。

（2）空竹落到脚面上后，右腿屈膝上提，身体向上拔，空竹脱出，右腿绕着空竹做一个逆时针方向旋转过腿的动作，空竹重新落到右脚面上。

（3）右腿向上将空竹提起，右脚落地，左腿提起，身体上跃，右小腿斜着由下向上从左腿后迎着空竹，用右脚的侧面踢空竹。

（4）空竹被踢起后，身体左转，右手向上套住空竹。

（二）踢起落顶法

这是一种花样的踢法，与前一种有所不同。

（1）先将空竹盘起，将空竹脱出，落于右脚面上。

（2）右腿屈膝提起空竹，右腿向外提起，左腿蹬地弹起，用左脚底将空竹踢起，让其落到头部帽顶上。

（3）将一个空竹脱出落到头部帽顶上后，再将另一个空竹落到右脚面上。

（4）右腿屈膝上提，脚面上的空竹向上脱起，这时帽顶上的那个空竹落地，左腿蹬地上弹，左脚底将之前落在脚面上的那个空竹踢起，落到头部帽顶上。这一招式叫做鸠占鹊巢。

（三）前踢后弹法

这种方法是最传统的踢毽法。

（1）空竹加速后脱出，右腿横向朝上，右脚外侧踢起空竹。

（2）身体右扭，右腿蹬地弹起，随即右腿从左腿后绕过，迎着空竹用右脚内侧踢起空竹，身体左转，右手向上套住空竹。

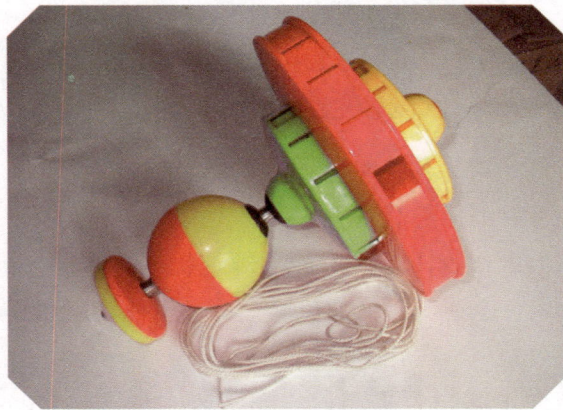

二、仙人踢毽技术要点

（1）踢毽子的最基本要求是："膝若轴，腰如绵，纵身猿，着地燕。"踢时全身的肌肉都要放松，身体自然摆动；跳跃时，要像猴子那样灵巧，落地时要像燕子那样轻盈。

（2）空竹下落上脚时，相应的腿应屈膝提起，脚面应前伸，迎着空竹向下回落，这样空竹落脚稳，不至于砸伤脚面。

第16节 ⋈ 截江夺主

在《三国演义》第六十一回中，因孙权欲取荆州，张昭献计"以荆州换阿斗"，便让东吴周善去行此事。赵云得知孙夫人带着阿斗不辞而别，欲回江东，便单枪匹马摇桨而追，于江上半道将阿斗夺回，可谓胆色无双，武艺超群。

⋈ 一、截江夺主动作分解

（1）启动空竹后加速。待空竹盘到身体右边时，右手反抄过顶于身后。

（2）右手带着空竹由身后到达身前，左腿抬起进入，右手领着空竹过顶向后。

（3）身体左转，右手领着空竹至身体右侧，右手回拉，空竹脱绳从身右侧经背后向左飞出。

（4）身体向左扭转，左手绳从空竹的左边套住空竹。

（5）随着身体向左转，左手带着空竹由身后到达右侧，左腿抬起，空竹由后向前从左腿下通过绕到身后。

（6）身体左转不停，左脚落地，右手带着空竹向前，右腿抬起，空竹从绳套中退出，随之做一个云天雾地。

（7）身体继续左转不停，右手领着空竹从抬起的左腿下脱出，右手绳套住空竹。

（8）右手绳套住空竹后，身体上跃，两腿从绳套中退出后复原。

二、截江夺主技术要点

（1）做步骤（3）时，应先把空竹调到身体右侧，空竹自然地由前向后盘旋 1 圈，右手及时向左拉动，空竹方能脱出向左。

（2）做步骤（5）时，左手套应是一个反套。

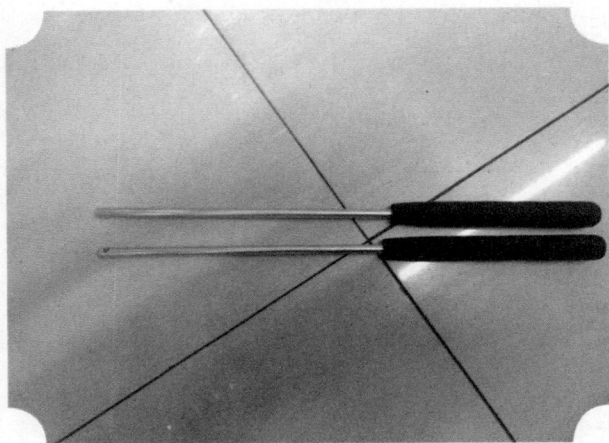

第 17 节 ∞ 白猿献果

在 本节介绍的这个招式里，空竹犹如白猿，从腿下蹿出，后经盘旋向上从果树上摘果跳下，犹如献果一般，十分灵活多变。

∞ 一、白猿献果动作分解

（1）启动空竹后做立盘丝。当空竹盘到身前时，身体下蹲，两腿分开呈半马步状，空竹绕右腿旋转。

（2）右手领着空竹随身体左转到达身体右后方，右小腿向后抬起进入绳套中。

（3）随着身体左转，身体上拔，右小腿后抬，两手向上拉起空竹，空竹脱绳而出。

（4）身体急速左转，同时左手后甩抄住空竹。

（5）左手领着空竹伴随转体到达身体左侧，左腿从绳套中退出，调抖绳于身后，待空竹沿绳到达身体右边时，做云天雾地。

（6）随着身体的左转，右手带着空竹从抬起的左腿下向上脱出，右手绳随即套住空竹。

（7）右手绳套住空竹后，身体向上跃起，两腿从绳套中退出复原。

在做这一动作时，也可采用鲸鱼摆尾的方式脱出空竹，即右手绳过顶向前套住空竹。要随机应变，不必拘泥于一种方式。

∞ 二、白猿献果技术要点

步骤（3）中的空竹动中脱绳，是脱绳技法中难度最高的一种，它要求将转体、跃身、上拉这三种技术完美地结合在一起。

（1）转身加快了抖绳与空竹的无绳扣变化。

（2）跃身是上拉脱绳的力度辅助。

（3）两手上拉，是将抖绳拉直，向上脱出的动力。

第18节 ∞ 蟠园摘桃

相传每年的农历三月初三是王母娘娘的寿辰，届时王母会命众仙子到蟠桃园去摘仙桃，设下蟠桃盛会宴请众仙。这些仙子各施绝技，穿梭于桃树之间，便如本节这一空竹技法一般，飘逸灵动，潇洒自如。

∞ 一、蟠园摘桃动作分解

（1）启动空竹后做立盘丝。待空竹运转平稳后，右手带着空竹过顶到身体右侧，做一个鲸鱼摆尾，向上脱出空竹。

（2）身体向左扭转，左手绳反抄住空竹，伴随转体一周，空竹沿绳到达身前。

（3）右手上挑，空竹脱出，在身后由右向左，身体左转180度，左手绳反抄住空竹。

（4）抄住空竹后，身体向左转动，空竹沿绳从身后到达身体右侧，这时做一个云天雾地。

（5）身体左转不停，做完云天雾地后空竹到达身体前方，右手向上挑起，空竹离绳脱出。

（6）右手绳套住空竹后，随即做一个鲸鱼摆尾并将空竹脱出。

（7）身体旋起，右手绳套住空竹后复原。

∞ 二、蟠园摘桃技术要点

本招式中，有两次采用左绳反抄空竹，这是本招式的主要特点。

（1）第一次是在胸前，要求脱出的空竹不能太高，这样在脱绳时左手应有一个向外扭转手腕，是一种解绳脱出。

（2）第二次是一个右背脱，脱绳时右手腕向上，将空竹从背后脱出，空竹落在身体的左后侧最为适宜。

相关链接

基本花样口诀

腿串

双手张开杆对齐，右腿压线左手提。空竹跃起撞右线，随着抖线转回去。

膀串

右臂平伸肘微弯，肩臂垂直杆后翻。左杆横握头下垂，挑起空竹撞右线。

摇辘轳

摇辘轳先右反抄，抄住横杆要记牢。左杆伸到空竹前，从左向右把杆摇。手杆围着空竹绕，空竹中间上下跳。抽出左杆做左摆，摆后横杆最重要。右杆伸到空竹前，从右向左把杆摇。摇完双杆齐直立，黄瓜架把空竹套。杆头里倾挑空竹，交叉点上见分晓。

第 19 节 ◫ 拨叶采莲

莲，素有"出污泥而不染，濯清涟而不妖"之美誉，深受人们喜爱。南朝梁的刘孝威在《采莲曲》中写道，"金桨木兰船，戏采江南莲。莲香隔浦渡，荷叶满江鲜。房垂易入手，柄曲自临盘。露花时湿钏，风茎乍拂钿"。该诗对采莲做了详尽的描述。而本节所介绍的这一"采莲"，则与其大有不同。

◫ 一、拨叶采莲动作分解

（1）空竹启动后加速。将空竹盘到身体左侧时，右腿抬起，左手向上将空竹脱出，空竹从右腿下通过向右。

（2）身体左转，右手绳反抄住空竹，伴随身体左转过顶向后，左手杆头顶住空竹轴，这时抖绳在身后。

（3）左手带着空竹随体转 1 圈，左手将空竹脱出并从抬起的右腿下通过向右侧，右手绳从空竹左侧反抄住空竹。

（4）右手反抄住空竹后，右手向后横于身后，空竹沿绳到达左手杆头处并横扫至身体右侧。

（5）左手向左回拉，身体向左扭转，空竹沿绳原路返回到右手杆处。

（6）右手领着空竹随体转 1 圈，右手向上将空竹脱出，右手绳套住空竹。

（7）身体左转，右手带着空竹做一个鲸鱼摆尾，并向上脱出。

（8）身体左转，右手从后过顶向前套住空竹。

二、拨叶采莲技术要点

（1）空竹脱出后从右腿下通过两次，第一次是抖绳在身前，第二次是抖绳在身后。脱出时，右手向右拉动，左手则绕空竹通过抖绳。

（2）在做步骤（4）时，右手绳是从空竹的左边抄住空竹，左手带空竹向左横扫，线路要走平，抖杆不能与空竹相擦。

第20节 ◚ 横戈跃马

横戈跃马，也称横枪跃马，出自陈以仁《雁门关存孝打虎》："见一人雄赳赳披袍擐甲，嗔忿忿横枪跃马。"该词用来形容将士们与敌作战时，横持戈矛策马腾跃、威风凛凛的英勇姿态。本节介绍的这一空竹技法，正是因招式之勇猛霸道而得此名。

◚ 一、横戈跃马动作分解

（1）空竹启动后，右手反抄过顶。当空竹过顶到身前右侧时，两腿从抖绳上跳过向前，调抖绳于身后。

（2）左手向上挑起空竹，空竹脱绳后向右飞出，左手向左拉直抖绳，右手绳由左向右去抄空竹。

（3）右手抄住空竹，随势带空竹于身后，空竹沿绳到达身体左边，左手领着空竹由左向右横扫。

（4）左手带空竹向左回返，空竹由左向右从身后到达身体右侧。

（5）身体左转一周，伴随转体，右手杆顶住空竹轴，左腿抬起，右手带空竹于左腿下方。

（6）右手上挑，空竹从左腿下脱出向上，左手翻腕相迎，从空竹右边反抄住空竹。

（7）身体稍后仰，左手带着空竹做一个反手云天雾地，带空竹于身体左边。

（8）右手向右拉动，空竹从身后由左向右沿绳到达身体右侧，身体稍右扭，做一个云天雾地。

（9）在做云天雾地时，身体同时右转，右手带着空竹向左脱出，右手相迎去套空竹。

（10）右手套住空竹后，伴随转体一周，空竹到达身体右侧，做一个鲸鱼摆尾将空竹脱出，右手绳套住空竹后结束。

二、横戈跃马技术要点

（1）在做步骤（3）时，待空竹到达左边后，应稍作停顿，借势向右横扫。横扫时身体要随着向右扭身，抖杆不能与发音轮相碰，并且用力要均匀。

（2）在做步骤（7）反手云天雾地时，左手绳反抄住空竹后，左手翻腕向上，带着空竹过顶由后向前。

第21节 〔∞〕 搅海伏龙

在《封神演义》中，哪吒闹海搅得江河晃动、乾坤震撼。虽还只是一个孩童，但却气势滔天。在本节介绍的这一搅海伏龙招式中，抖空竹者先是摇铃搅水，后是跳起伏龙，动作跌宕起伏，刚健强劲，便犹如"闹海"一般，令人目不暇接，叹为观止。

〔∞〕 一、搅海伏龙动作分解

（1）启动空竹后做立盘丝。待将空竹盘到身体右侧时，右手绳反抄过顶。

（2）空竹过顶后，伴随转身到达身前右侧时，做一个云天雾地，待空竹再次到达身前右侧时，右腿抬起跨入绳套中。

（3）右手带着空竹伴随转身到达身体右前方，右手杆头朝下，摇铃一周，并带着空竹转身360度，右手向上将空竹脱出。

（4）左手绳反抄住空竹，并领着空竹伴随转体一周到达右前方，右手杆向外撑紧抖绳，让空竹从抖绳的上边通过。

（5）左腿向外翘起，让空竹绕右腿1圈到右侧，这时右腿抬起退搅海伏龙。

（6）身体继续左转，右手带着空竹到达身体右前方，右手向上将空竹抛起，右手绳套住空竹。

（7）伴随身体左转，两腿抬起让过空竹向左，左手向上抛起空竹，两手抡动抖绳过顶向前收住空竹。

二、搅海伏龙技术要点

（1）步骤（2）中的右腿跨入，是为了调抖绳于裆下。步骤（5）退出时，是为了调抖绳于身后，这些动作都是服务于绳位调整的。

（2）在步骤（4）中，右手向外撑绳，是为给空竹通过创造条件。

（3）右手向上脱绳时，均是右杆头在空竹轴的左侧，这时为"U"形扣，并且脱出空竹时，右手腕应向外扭动。

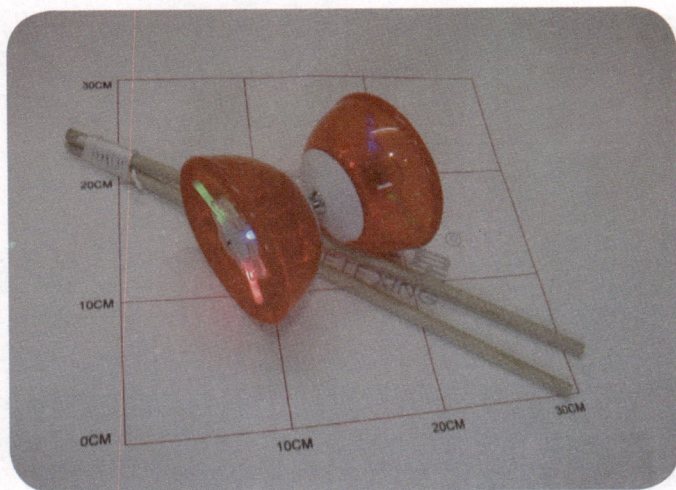

第 22 节 ∞ 水漫金山

在《白蛇传》中，白素贞为救许仙，水漫金山与法海斗法，可谓风起云涌，巨浪滔天。而本节介绍的这一空竹技法，便蕴含了"摇天撼地起狂风，倒海翻江风雨急"之势，好比一场跌宕起伏的鏖战。

∞ 一、水漫金山动作分解

（1）启动空竹并加速。右手反抄过顶由后向前，这时左腿抬起，进入绳套之中。

（2）左手带着空竹，伴随着身体左转1圈后，空竹由左过顶到身前，右腿抬起，空竹绕左腿盘旋。

（3）身体左转不停，待空竹盘旋到身前时，左腿抬起，左手带空竹从左腿下向上，做一个上摇铃。

（4）左手领着空竹伴随转体至身前，左手向上将空竹脱出。

（5）右手绳套住空竹，左腿抬起，空竹绕右腿盘旋。

（6）空竹盘旋到身体右侧时，左手过顶向后，伴随转体，空竹从抬起的右腿下通过向前。

（7）空竹到达身前后，做云天雾地，再次到达身前时，随势从左腿下通过做腿上盘丝。

（8）腿上盘丝做2个或3个循环后，伴随转体调空竹于身体左侧，从左腿下通过向右；身体左转，右手带空竹向左，并在左腿上盘旋一周。

（9）空竹盘旋一周后，左腿放低，空竹从左腿上向左，两手将空竹拉起，在左腿上继续盘旋一周。

（10）空竹盘到身前时，随即做云天雾地，然后带空竹从左腿下脱出向上。

（11）身体左转，右手套住空竹后，带着空竹从左腿下至身后，空竹沿绳向右，右腿从绳套中退出。

（12）身体左转不停，右手领着空竹旋转一周后，做鲸鱼摆尾，并向上脱出空竹。

（13）右手绳套住空竹，再做一个鲸鱼摆尾脱出空竹。身体左转，右手过顶向前套住空竹后恢复立盘丝。

二、水漫金山技术要点

（1）在本招式中，有两个绕腿盘旋。做第一个时，应同拉出相结合。开始时，左手心向上，左手腕向后扭，转体一周后，左手将空竹从左腿下带出。做第二个时，空竹是从左手绳上通过，所以左手绳应向外撑开。

（2）做腿上盘丝时，左腿应抬起伸直，以右腿为中心向左转体，双手应同时带动空竹盘旋。

（3）在做鲸鱼摆尾脱出空竹时，应注意绳扣，如果右手绳在下时，应调整抖绳于左臂上方，绳扣打开后空竹才能脱出。

第 23 节 ◠◠ 龙骧虎步

龙骧虎步，比喻像骏马一样高昂着头，像老虎那样迈着雄健的步伐。此名在天津称作虎步龙行，具有先声夺人之气势，龙腾虎跃之威力。本节介绍的这一空竹技法便得名于此。

◠◠ 一、龙骧虎步动作分解

（1）启动空竹并加速。当把空竹盘到身前时，右腿、左腿先后从抖绳上跳过，左手向上提起将空竹脱出。

（2）右手绳套住空竹后，伴随转体将空竹带至身体右侧，做鲸鱼摆尾，并脱出空竹。

（3）左手绳反抄住空竹，伴随转体一周把空竹带至身前抬起的左腿下方。

（4）右手向上挑起，空竹脱绳向上，左手绳反抄住空竹。

（5）左手抄住空竹后，伴随转体，空竹沿绳由左向右，在身后沿绳至右手边上，右手带着空竹至身体左侧。

（6）右手向上将空竹挑起脱绳，身体右扭，左手绳抄住空竹后，伴随转体，空竹沿绳到达身前。

（7）右手向上将空竹挑起脱绳，左手绳反抄住空竹。

（8）左手反抄住空竹后，伴随转体，空竹再次沿绳到达身前，右手向上挑起，空竹脱出，右手相迎去套空竹。

（9）右手套住空竹后，伴随转体做鲸鱼摆尾，并向上将空竹脱出。

（10）空竹脱出后，身体急速向左旋转一周，左手绳伸开反抄住空竹，伴随转体，空竹沿绳到达身前。

（11）右手向上挑起，空竹脱绳向上，右手绳套住空竹后伴随转体做鲸鱼摆尾，空竹脱出。

（12）身体左转，右手绳从身后过顶向前，套住空竹后复原。

二、龙骧虎步技术要点

（1）由于速度快，爆发力大，弹性劲强，所以身体各部位要协调统一，不能拖泥带水。

（2）在此招式中，共有九次脱绳，有五次左手反抄。脱绳的体位有左腿下、身体左侧和鲸鱼摆尾左脱绳。脱绳时要保证抖绳为无扣状，上挑时要有一个手腕外翻的动作。

（3）左手绳反抄时，一是要保证抖绳直而不紧，二是要等空竹下落到腰间部位，三是左手要有由右向左的横摆。

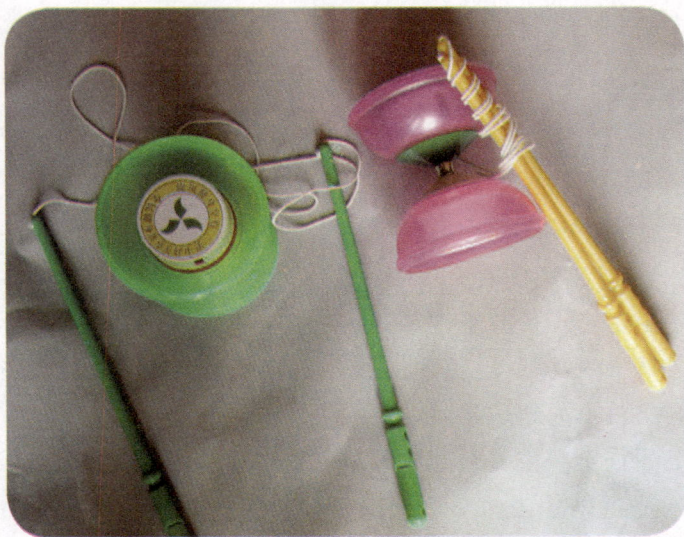

chapter *6*

群英荟萃秀花样

北京杂技团的《玩空竹的小妞妞》再现了北京民间小姑娘玩空竹时爽朗、活泼、顽皮、幽默的生活情景；南京杂技团的《裙钗嬉春·抖空竹》则表现了宫廷少女抖空竹时的幽雅情致；中国杂技团的《抖空竹》则在翻越抛接上争强斗胜；广东杂技团的节目却反映了现代女孩在瑞雪迎春时玩空竹的情愫。一个小小的玩具，即使是只在春节娱乐中，也能玩出千姿百态，折射出中国民俗的丰富多彩。

第1节 ∞ 流星赶月

"流星赶月",出自《新编五代史平话·汉史上》:"自投军后,时通运泰,武艺过人,走马似逐电追风,放箭若流星赶月"。在本节介绍的这个招式中,采用单轮空竹一线二的技巧,两个空竹你追我赶,如流星赶月一般,煞是好看!

∞ 一、流星赶月动作分解

（1）启动单个空竹并加速,右手带着空竹过顶于身后两次。

（2）待空竹运转平稳后,左手从身后松开抖杆,抖绳从身上退去一圈后向外甩去,空竹被固定在右手杆头处进行旋转。

（3）左手接过先前的右手杆,将另一个空竹缠绕到第一个空竹前边的抖绳上。

（4）待第二个空竹沿绳溜到松开的杆头处时,身体左转,左手过顶向后,将抖绳搭到肩膀上,右手抓住抖绳。

（5）身体左转不停,右手将抖绳向上抛起后立即接住手柄,伴随转体,左手将空竹向身后送去,左手绳再从左边去套住空竹。

（6）左手套住空竹向身后送,再去套右手绳上的空竹,这样两个空竹一个在身前、一个在身后绕身旋转,可一直连续地做多个循环。

（7）到结束时,左手接住右手杆,右手将抖绳从脖子上退出到身前,呈拉弓射箭的姿态。

二、赶月花样

（1）如前采用一线二的空竹技巧后，将抖绳背到肩膀上，伴随着身体的连续左转，左右手各抓住一根抖绳，使上下两个空竹呈叠合状。

（2）经过加速后，重将抖绳横放于肩上，左右两手各握住两侧的抖绳，在连续转身的情况下空竹向外甩出，犹如二郎担山一般。

（3）右手从肩上抓住抖绳，一只手拨动抖绳随身旋转，身体突然轻微下沉，右手向上将抖绳和空竹抛起，双手向上迎握住抖绳。

（4）两手接杆，继续加速两个空竹，将左手杆递到右手中，两杆重合，两边各有一个空竹定位旋转，右手握着两杆在头顶上部随身转动。

（5）待空竹转速下降后，两手接杆进行加速，这时右手将一只空竹抛起，左手绳迅速套住。

（6）左手套住空竹后，右腿抬起，右手将空竹从腿下挑出，左手绳套住空竹旋转。

（7）两只空竹加速后，右手抓住抖绳的中部，身体逐渐下沉，右手拨动抖绳旋转，左手按地，左右腿前伸并交替换步旋转。

第2节 绳上芭蕾

本节介绍的这个抖绳上的舞蹈，舞步强悍振奋，气宇轩昂，舞姿浪漫优美，轻灵似燕。抖空竹者一边舞动空竹一边绕绳跳跃，好比在抖绳之上芭蕾一般，美不胜收。

绳上芭蕾动作分解如下：

（1）空竹启动后先做立盘丝、反抄过顶等动作。

（2）两杆竖起，放线轮松开放线，身体连续左转，空竹在惯性的作用下向外拉紧抖绳。

（3）右手杆头朝下，身体右转，右腿、左腿先后从抖绳上跳过。

（4）左手过顶向后，伴随转体左手到达身前，重复步骤（3）的动作，两腿上跳下踏。

（5）收势时，空竹过腿于身前，身体左转，左手接过右手杆，右手一次一次地抓住抖绳交于左手，收绳结束后谢场退去。

第3节 擎天一柱

顶杆，是杆技的一种，早在汉代就有此艺，也是当代空竹杂耍中的一种，被称为擎天一柱。唐代时，教坊艺人王大娘的顶杆技巧令人赞叹。刘晏曾赞其技巧："楼前百戏竞争新，唯有长杆妙入神。"在《东周列国志》第七回中，郑庄公制"蝥弧"大旗，旗杆长三丈三尺，大夫颍考叔从背后倒拔那旗，弓身跳起，托起，左旋右转，如耍长枪一般。今天介绍的顶杆，既有王大娘的长杆之妙，又有颍考叔的舞杆之巧，两者结合，别有一番风趣。

擎天一柱动作分解如下：

（1）先将空竹启动并加速，放于杆头的碗具上，空竹在碗具上旋转。

（2）手持抖杆，将其节节拔出，将杆平放，空竹在碗具上旋转不停。

（3）逐渐将杆上立，把杆放到下巴之上，空竹仍在碗具上旋转。

（4）收场时，将杆从下巴上取下，手向上送，让空竹从碗具上脱出下落，用右手接住。

第4节 ◁▷ 一心二艺

做任何事，都要一心一意，不能三心二意。但是，在抖空竹的技法中，一心二艺则是当今的一种流行趋势。在不断的创新和继承中，各地艺人创造了千奇百怪的空竹技艺。他们以一身玩多种的空竹技巧，展示了一心可以二艺的绝妙境界。

一心二艺动作分解如下：

（1）先将一个18厘米的空竹用转呼啦圈的方式启动，将其移到腰间绕身旋转。

（2）将手拿的另一个小空竹用抖绳启动，进行抖转，形成腰间旋、手上抖两种不同的空竹技法。

（3）身体连续左旋右转，将手抖的那只空竹向上脱起，落于头顶上方。

（4）空竹上头后，抖空竹者再接住一个助手抛来的空竹抖动。这时，身上共有三个空竹在不同的部位旋转。

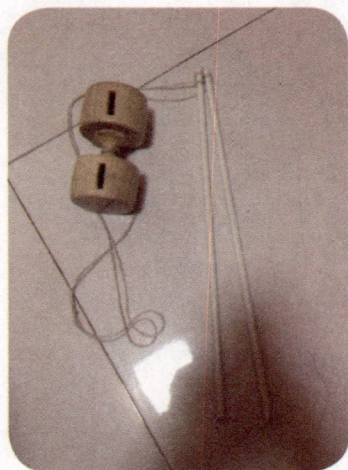

（5）待头顶空竹转速下降时，将手上正在抖动的空竹向外抛去，用抖绳把头顶上的空竹套住取下抖动，再将其脱起，落到右手抖杆的碗具上。

（6）将左手杆接于右手杆的下边，并将抖杆立于右手指上。

（7）收势时，先将大型呼啦圈空竹取下放于左掌中，右手取下头顶上的空竹，或者做一个其他的造型收场。

第5节 🎵 莺歌燕舞

在本节介绍的这个空竹花样中，抖空竹结合扭秧歌的方式加以虚拟化，形成了多姿多彩的空竹花样技巧。扭秧歌，历史悠久，是人们喜闻乐见的艺术形式。在这个"秧"歌燕舞的空竹花样中，既含有扭秧歌生动活泼、红火热闹的特点，又有着抖空竹风情万种、自由奔放之特色，十分具有观赏性。

莺歌燕舞动作分解如下：

（1）首先将大小不同的空竹分放于身体两旁，一般是大空竹在身体右边，小空竹在身体左边。两手分别向前拉动空竹，空竹启动飞舞，这时因为身体的连续转动和两手臂的飞舞，形成纵横交错的空竹呼啦圈花样。

（2）两手挥动空竹时，将大呼啦圈的绳子套在头部进行摇晃抖动，再在腰上启动一个大空竹呼啦圈，形成双层交映的呼啦圈花样。

（3）大呼啦圈的绳子仍套在头上，两手可做"骑马舞"（韩国舞曲《江南 style》中的舞步）中的各种姿势。

（4）大呼啦圈套在头上不动，两手拿着两根彩带，头部摆动空竹，两手舞起各种秧歌步伐。

第6节 ⋈ 层峦叠嶂

在现代空竹技巧中，有许多新的招式应运而生。层峦叠嶂这个招式，就是将单个空竹一个一个地叠加起来，好像一串冰糖葫芦，又如同一串珍珠。那么，这些单个空竹是如何被叠加在一起的呢？

层峦叠嶂动作分解如下：

（1）在开始表演前，先将空竹一个一个地交错摆放在地上，将抖绳按照正常抖空竹的绳位绕到每个空竹轴上，并用放绳轮将抖绳调整得一样松紧。

（2）启动时，右手握长杆，左手持放绳轮，身体急速左转，放绳轮松开，将空竹放出向外。

（3）空竹放出后，右手在上、左手在下，两手交替地前后拉动空竹，空竹加速旋转。

（4）当空竹转速升起、空竹运转平稳时，左手向上、右手向下并

将长杆竖起，两手停止拉动，伴随转身空竹一个一个地叠加到一起。

（5）空竹叠加到一起后，左右两臂都向上举起并左右分开，根据空竹的转动适当拉动调整。

（6）如想让空竹全部横向平放，则左手在下向右，右手在上向左，抖杆横放，伴随着身体的连续转动，空竹呈横向平放式。

（7）当一个人力气减弱时，另一个人可接住继续抖动。

（8）此种技法，两个人也可以进行合抖，这时力气大者接右杆，力气小者拿放绳轮。空着的手臂在身后相互搂着对方。

（9）收势时，身体停止转动，让抖绳缠到身上收场。

相关链接

基本技术组合口诀

上杆

加速打扣手张开，绷线空竹弹起来。左手横杆接空竹，杆轴垂直不能歪。右杆将线空竹落，再次弹起落右杆。接住空竹右平移，扣送空竹落线来。

挂臂

右杆推送向左行，向腕上翻杆外横。空竹冲至杆头外，顺势翻臂横前胸。定势之后杆外翻，空竹受力向右行。右杆外横准备好，左右挂臂动作同。

望月

双手张开，左杆外横。右手发力，空竹左行。左臂上举，抖线微松。带线落杆，皓月当空。左杆外推，空竹右行。下划弧线，右杆外横。右臂上举，等待接铃。杆轴垂直，不可放松。

转体三摆

做三摆，并不难，转体时机最关键。右手引带空竹起，空竹凌空把体转。一摆右转一百八，二摆原地摆一圈。一圈过后再摆起，右手拉线转回还。

第7节 🎦 五子登科

《三字经》中"窦燕山，有义方，教五子，名俱扬"，讲的是窦禹均教子有方的故事。他教导的五个儿子仰慕圣贤、刻苦学习、为人正直、不愧不怍，先后登科及第，都中了进士。在本节所介绍的这个招式中，虽然不是五子登科及第，但众人合力齐心，摇转空竹的阵势却也如金榜题名一般，气势如虹。

五子登科动作分解如下：

这个属于集体的动作，需由六个人来共同完成。

（1）五个男性表演者各自启动一个空竹，一个女角头戴花冠，两臂上安放两个碗具，起舞入场，然后两腿相交并屈膝立于场地中间。

（2）五个表演者把空竹启动后，放到女角头部的花冠和两臂外伸的碗具上。其余人员立于女角身后，双手举起相呼应，其中一人手举横幅位于五人中间。

（3）女角直立起，两臂托着空竹向左转体一周，回到场地中间。五个表演者各自取回自己的空竹抖转加速。

（4）待空竹转速升高后，一人把空竹放到女角的头部花冠上，其余四人均把空竹放到自己右臂固定的碗具上，左手扶着女角的肩膀，跟随着女角转体1圈后复原。